전태일
바로보기

전태일
바로보기

류석춘 · 박기성 편저

비봉출판사

서 문

전태일은 오늘날 우리에게 무엇인가? 46년 전 초겨울 22세의 꽃다운 나이에 자살을 택한 그는 우리에게 무엇을 말하고 있는가? 그를 죽음으로 몰고 간 것은 무엇인가? 그의 선택은 옳았는가? 본서는 이런 질문들에 답하기 위해 시간을 거슬러 1960년대 말 1970년대 초로 돌아가 그 당시의 한국의 상황을 재연해 보고자 한다.

이 시기의 한국경제는 고도성장을 하면서 생활수준은 전반적으로 향상되고 있었지만 노동자들은 여전히 저임금과 열악한 근로환경에 처해 있었다. 수출주도형 경제성장정책이 시행되면서 공장으로 향했던 사람들의 행렬은 착취의 대상이 되고자 선택한 길은 분명 아니었다. 오히려 찢어지게 가난한 농촌으로부터 좀 더 나은 삶을 위해 도시로 올라왔던 것이다.

전태일은 1970년 9월 본인이 실시한 설문조사에서 자신의 월급을 23,000원으로 응답하였다. 그해 노동청의 조사에 의하면 언론사 남자 기자의 월평균 임금이 22,700원이었다. 그 당시 기자는 중등학교 졸업 이상의 학력을 가지고 있었고 연령도 상당히 높았을 것이므로 초등학

교를 중퇴한 22세 청년 전태일의 월급 23,000원은 결코 낮은 임금이
아니었다. 전태일이 속했던 의복제조업 남자 근로자의 월평균 임금이
1970년 사무직 28,100원, 직물 및 피복제조 부문 감독 및 직공반장
21,000원, 도안사 및 재단사 20,800원이었다. 전태일은 삼동(평화시장,
동화시장, 통일상가)에 근무하는 재단사의 월급을 15,000원에서 30,000
원으로 대학노트에 적었다. 이 기록에 따르면 삼동의 재단사가 당시
다른 의복제조관련 직장에 비해 임금이 낮았다고 볼 수 없다. 전태일
의 월급 23,000원에 12개월을 곱해 연봉으로 환산하면 276,000원이 된
다. 1970년 한국의 1인당 국내총생산(per capita GDP)은 87,000원이었으
므로 연봉 276,000원은 당시 1인당 국내총생산의 3.2배였다. 이 비교는
전태일의 소득이 그 당시 한국의 전반적인 소득에 비해 상대적으로 꽤
높았음을 보여준다.

전태일이 1964년 평화시장 안에서 시다(보조)를 시작할 때 월급은
1,500원이었다. 사직·해고와 취업을 반복하여 1970년 그의 월급은
23,000원이 되었다. 6년 사이에 15.3배 증가한 것이고, 물가상승률을
감안하면 실질임금이 7.6배나 상승한 것이다. 그리고 전태일은 평화시
장에 들어온 이후 사직하거나 해고되면 곧 다시 취업할 수 있었다. 실
질임금이 빠르게 오르고 쉽게 직장을 구할 수 있었던 것은 본인이 시
다에서 미싱사, 재단보조를 거쳐 재단사가 될 정도로 기능을 향상시켰
을 뿐 아니라 경제가 빠르게 성장했기 때문이다. 이 기간 동안 근로기
준법 등 노동법의 집행은 철저하지 못했고 개선되지 않았으므로 전태
일의 임금은 오로지 본인의 인적자본 축적과 시장의 힘에 의해 가파르

게 상승한 것이다.

1983년판 『전태일 평전』에 서술된 분신 장면은 선뜻 이해하기 어렵다. 한 되 가량의 석유를 온몸에 끼얹고 내려와서 친구 김개남(가명)에게 성냥불을 켜서 자신의 몸에 갖다 대어달라고 부탁했을 때, 석유 냄새가 펄펄 나는 친구의 몸에 성냥불을 갖다 붙일 수 있는 사람이 과연 있을까? 그리고 평전에는 그 자리에 있었던 한 회원이 근로기준법 책을 타오르는 전태일의 불길 속에 집어 던졌다고 한다. 자살하는 사람의 주변에는 말리는 사람이 있지 않나? 반면에 2009년판 『전태일 평전』에서는 분신 장면에 김개남이 등장하지 않으며, 전태일이 근로기준법 책을 가슴에 품고 내려왔고, 갑자기 전태일의 옷 위로 불길이 확 치솟았다. 이 두 서술의 차이는 왜 발생한 것인가? 김개남은 누구인가?

전태일과 비슷한 환경에서 동시대를 살았지만 전혀 다른 선택을 한 많은 사람들이 있다. 그 한 예가 1947년생 금형(金型)전문가 서영범이다. 14세인 1961년 어머니와 5남매의 소년가장이 되어 학업을 포기하고 금고 만드는 공장의 보조로 들어가 배를 굶으며 마포구 대흥동에서 중구 오장동까지 걸어서 출퇴근하면서 각고의 노력으로 기술을 익혀 17세에 선반공, 19세에 금형공이 되었다. 21세에 징집되어 24세에 제대한 후 1973년 26세에 당시 최고로 잘 나가던 기아자동차 소하리 공장으로 당당히 전직한다. 29세인 1976년 기아자동차를 퇴직하고 그 동안 동생들 학비와 집안의 생활비를 대면서도 근근이 모은 돈으로 선반 기계를 한 대 장만하고 마포에 있는 친구 회사 작업장에 더부살이로 일을 시작했다. 그로부터 6년 후인 35세가 되는 1982년에 용선정밀이라는 회사를 창업할 때까지 그는 자신의 기계를 밤새워 돌리며 힘들었지만 열심히 일했다. 창업한 지 26년이 지난 2008년 61세에 그는 마침내 기능한국인으로 선발되어 대한민국 최고의 경쟁력을 가진 금형업계의 선두주자, 대한민국 명장으로 우뚝 섰다. 2008년 현재 그의 회사는 12명의 종업원을 고용하고 연간 매출액 20억 원을 올리고 있다. 그는 회사일 외에도 불우이웃 돕기 등 각종 사회활동에도 적극적이다. 22세의 나이로 어린 여공들의 근로조건을 개선시키기 위해 생을 마감한 전태일의 삶과 비교하여 과연 금형전문가 서영범의 삶은 의미가 없는 삶이었는지를 묻지 않을 수 없고, 이러한 평가는 60년대, 70년대 산업현장에서 땀 흘리며 가족을 돌보고 미래를 개척한 200만 기능인력 노동자 모두에게 적용될 수 있다.

본서는 지난 10개월 동안 저자들이 주기적으로 만나 발표와 토론을 하면서 만들어낸 것이다. 이 작업을 위해 장소와 행정적 지원을 아끼지 않은 현진권 원장을 비롯한 자유경제원 여러분께 감사한다.

2017년 10월

목 차

1

전태일 생애
바로 보기

70년대 노동운동,
전태일 그리고 불편한 진실

남정욱 / 대한민국문화예술인 대표

1. 손가락 이야기

손 무덤

올 어린이날만은
안사람과 아들놈 손목 잡고
어린이 대공원이라도 가야겠다며
은하수를 빨며 웃던 정형의
손목이 날아갔다

작업복을 입었다고
사장님 그라나다 승용차도
공장장님 로얄살롱도
부장님 스텔라도 태워 주지 않아

한참 피를 흘린 후에
타이탄 짐칸에 앉아 병원을 갔다

기계 사이에 끼어 아직 팔딱거리는 손을
기름먹은 장갑 속에서 꺼내어
36년 한 많은 노동자의 손을 보며 말을 잊는다
비닐봉지에 싼 손을 품에 넣고
봉천동 산동네 정형 집을 찾아
서글한 눈매의 그의 아내와 초롱한 아들놈을 보며
차마 손만은 꺼내주질 못하였다
(중략)
내 품 속의 정형 손은
싸늘히 식어 푸르뎅뎅하고
우리는 손을 소주에 씻어 들고
양지바른 공장 담벼락 밑에 묻는다
노동자의 피땀 위에서
번영의 조국을 향락하는 누런 착취의 손들을
일 안하고 놀고먹는 하얀 손들을
묻는다
프레스로 싹둑싹둑 짓짤라
원한의 눈물로 묻는다
일하는 손들이
기쁨의 손짓으로 살아날 때까지

묻고 또 묻는다

1984년에 나온 박노해의 시집 '노동의 새벽'에 실린 '손 무덤'이라는 시다. 처절하다. 분노가 치민다. 손 잘린 노동자를 그라나다도 로얄살롱도 심지어 스텔라까지 외면하고 지나간다. 태워주기 싫어서가 아니다. 시트에 피 묻는 게 싫어서 그런 거다. 자동차 시트보다도 못한 게 노동자 몸뚱이었다.

시(詩)는 은유나 상징이나 풍문이 아니었다. 부천 어느 공장에서는 한 달이면 잘린 손가락이 가마니로 한 포대씩 나온다고 했다. 그런 수기를 읽을 때마다 진저리가 쳐졌다. 그러나 공단 근처에 한 번이라도 가 본 사람은 그게 100% 진실이 아니라는 사실을 다 안다.

해가 바뀌면 공장의 중간급 관리자들은 자사 노동자들의 가계 변동 사항을 체크하고 다녔다. 집중적으로 보는 것이 자녀의 대학 진학 여부였다. 아이가 대학에 합격하면 보통 그 노동자는 해고되었다. 대학에 진학하면 목돈이 들어간다. 한 달 벌어 한 달 먹고 사는 빠듯한 살림에 등록금과 입학금이 있을 리 없다. 해서 노동자들은 산재보상금을 받기 위해 기계에 스스로 손을 밀어 넣었던 것이다. 산재가 발생하면 행정상 불이익도 있고 금전적인 손실도 있어 업체에는 사고 예방 차원(?)에서 해고를 단행했던 것이다. 참으로 불편한 진실이다.

2. 산업 역군, 공돌이, 노동자

정부에서는 그들을 산업역군(産業役軍)이라고 불렀다. 전시 작전처럼 산업화가 진행되고 있었고 산업의 영역에서 그들은 군인 취급을 받았다. 세상에서는 그들을 공돌이, 공순이로 불렀다. 그들이 노동자라는 자기 이름을 찾기까지 오랜 시간이 걸렸다.

1970년 11월 13일, 동대문 평화시장 앞에서 재단사였던 전태일이 분신을 한다. "근로기준법을 준수하라!" "우리는 기계가 아니다!" "노동자들을 혹사하지 말라!" 불길이 기도를 타고 들어갔던지 그의 마지막 말은 잘 들리지 않았다.

1960년대의 빠른 성장에는 노동자들의 희생이 있었다. 대규모 사업장은 좀 나았지만 영세업체로 갈수록 비인간적인 노동조건이 강요되었다.

전태일이 몸 담았던 청계천 의류제조업체 밀집지역은 그런 영세사업장의 대표적인 곳이었다. 농촌에서 올라온 스무 살 아래의 소녀들이 하루에 열 네 시간씩 일했다. 천장은 낮아 허리를 펼 수가 없었고, 실밥 먼지는 아무런 제한 없이 숨 쉴 때마다 입 안으로 밀려 들어왔다. 근로기준법을 공부하다가 어려웠던 나머지 대학생 친구가 하나만 있었으면 좋겠다는 전태일의 일기가 공개되면서 수많은 대학생들이 산업 현장으로 뛰어든다.

11월 16일, 서울대 법대생 100명은 전태일의 시신을 인수하여 학생장으로 치르겠다는 성명을 발표했다. 서울상대생 400명은 무기한 단

식농성에 들어갔다. 새문안 교회 소속 대학생 40여 명은 스스로 참회하는 차원에서 금식기도회를 열었다.

여기까지가 보통 우리가 알고 있는 이야기다. 사실도 그럴까? 실은 여기에도 좀 불편한 진실이 숨어있다. 일단 전태일은 대학생 친구는 물론이고 대학생 멘토까지 있었다.

사울 알린스키(1909~1972)라는 인물이 있다. 버락 오바마와 힐러리 클린턴이 모두 존경하는 미국의 급진적 사회운동가로 1939년 시카고 빈민촌에서 주민들을 조직화하는 등 실천적 조직과 이론을 정립했다. 그의 이론 중에 '지역사회이론'이란 게 있다. '잠자는 민중을 깨워 리더를 양성시킨 뒤 그들 스스로 문제를 해결하도록 한다'는 내용이다. 이전까지는 활동가가 지역에 침투해서 직접 조직을 꾸리는 방식이었다. 그것이 현장에서 발굴한 리더를 통해 운동을 진행하는 방식으로 바뀐 것이다.

알린스키는 절망에 빠져있는 사람들의 옆에 앉아 조용한 말로 설득했다. "당신을 구할 사람은 당신 뿐"이라고 부추기고 그 선동에 책임을 지는 것이 사회개혁의 근간이라고 알린스키는 주장했다. 운동이 시작될 때 조직가는 그 바람을 타고 주인 행세를 해서는 안 되며, 훈련된 조직가는 선택한 현장에서 3년 이내에 운동을 일으키고 운동이 일어나면 바로 그곳을 떠나라고 그는 가르쳤다.

1966년 알린스키에게 교육을 받고 귀국한 오재식 한국기독학생총연맹 사무총장은 1967년부터 학생사회개발단(학사단)을 꾸려 빈민촌에 학생을 투입했다. 훈련받은 학생들은 두세 명씩 한 팀을 이루어 현장에 투입됐다. 이들은 신분을 밝히지 않은 채 스며들어 현장의 상황을 파악하고 인자(운동 인자)를 발굴했다. 당연히 조직은 교육을 통해 이루어졌다.

70년대에 열혈 운동권이었던 양국주 씨의 증언에 의하면, 전태일은 지금 미국 샌디에이고에 있는 이승종 목사가 교육시켰다. 한 사람의 말만 가지고 속단하기에는 이 사안은 매우 민감하다. 전태일과 관련된 부분은 사울 알린스키의 책 『급진주의자를 위한 규칙』의 추천사를 쓴 오재식씨의 추천사에도 나온다. 이렇게 되어 있다. "현장의 상황을 정확하게 파악한 후 선동하지 않고 차분하게 그들을 조직하는 게 목적이었다. 이렇게 접근한 수많은 현장 가운데 하나가 1970년 전태일 분신 사건이었다."

위험한 궁금증이 꼬리를 문다. 최종 결정은 과연 누구의 몫이었을까. 분신의 현장에는 과연 누가 있었을까. 테러가 발생할 때마다 IS는 항상 자신들의 소행이라고 발표를 한다. 모쪼록 노동운동의 성과를 자신들의 것으로 하고 싶었던 운동세력의 증명불가능한 회고담이기를 바랄 뿐이다. 추측대로라면, 김지하가 말한 죽음의 굿판은 이미 70년대부터 펼쳐지기 시작한 셈이다.

3. 인간 전태일

80년대 초반 공장활동 지침서를 보면, 부록으로 활동 후기들이 소개되어 있다. 대부분은 공장에 적응하는 과정의 어려움을 담고 있지만 또 하나 공통되는 부분은 자신들이 상상하고 있던 노동자의 모습과 실제 노동자들 모습 간의 간극을 보면서 느끼는 당혹감이다.

노동자는 계급 모순을 몸으로 담보하고 있으며 언제든지 투쟁에 떨쳐나설 수 있는 대자적 민중이어야 하는데(이는 한완상의 『민중과 지식인』에서 나오는 구분법으로 대자적 민중은 의식화되지 않은 즉자적 민중의 반대편에 서 있으며, 사회의 아픔을 공감하고 진실을 증언하며 즉자적 민중을 의식화된 대자적 민중으로 승화시키는 일을 사명으로 생각하는 민중이다.) 어딜 봐도 그럴 낌새가 전혀 보이지 않았던 것이다. 나태하고 의지는 박약했으며 통제가 되지 않았고 끈기라고는 찾아볼 수 없었다. 그럼에도 이후 등장하는 노동문학에는 역시 머릿속에서 개념으로만 존재하는 노동자들이 주인공으로 등장한다. 지식인의 병이다. 그렇다면 전태일은 어떤 인물이었을까. 평전에서 보여지는 그의 모습만으로 온도가 느껴지는 인간의 모습을 추상하는 것은 쉽지 않다.

1995년에 개봉한 '아름다운 청년 전태일'이라는 영화가 있다. 영화 속의 전태일은 속 깊고 예의바른 청년이다. 영화 속 이미지는 사실을 넘어 존재하고 나중에는 사실을 압도한다. 박광수가 그린 전태일은 조영래가 그린 전태일의 이미지를 가져오면서 70년대 선각(先覺)한 노동자의 모습을 보여준다. 그러나 그것은 철저하게 조영래가 추상한 '각성된 노동자' 전태일의 모습일 뿐이다.(영어 제목이 A Single Spark인 이 영화에는 이창동이 시나리오에 참여했다)

실제의 전태일을 아는 사람들은 그가 과격하고 다혈질이었으며 충동적인 부분이 있었다고 증언한다. 그 증언을 따라 읽으면 평전의 몇몇

대사가 예사롭지 않게 읽힌다. **"한 두 목숨 없어져야 근로조건 개선이 이루어진다."** 평전에 나오는 김개남 등과 바보회를 결성할 당시의 발언이다. 이런 유의 발언은 평전의 후반부로 가면서 더욱 자주 등장한다.

　여기서 그는 그의 죽음이 어떤 성과를 거두리라는 것을 확신하게 되었던 것 같다. 이 무렵 그는 친구들에게 간간히 지나가는 말처럼, "나 하나 죽어지면 뭔가 달라지겠지…" 하고 말하는 일이 잦아졌던 것이다.

－ 개정판 평전 p.277 중에서 －

　이는 전태일을 폄하하려는 의도가 절대 아니다. 있는 그대로의 전태일도 충분히 의미 있는 인간이었다는 사실을 말하고 싶을 따름이다. 장기표는 "인간의 명석함이란 선천적으로 주어지는 것이라기보다는 인간에 대한 사랑에서 얻어지고 깨달아지는 것"이라고 말한다. 전태일은 자신의 처지를 분개했다기보다는 여공들의 참담한 삶에 분노를 느꼈다. 그리고 그 원천은 사랑이었다. 동대문 평화시장에 가면 모녀식당이란 음식점이 있다. 반계탕, 감자탕 등을 파는데 외져서 찾기 힘들다. 생전 전태일의 단골집이었다.

주인아주머니는 전태일을 이렇게 기억한다.

"일 끝나고 와서 감자탕 한 그릇 먹고, 참 맘이 좋았어요. 시다들 데리고 와서 자기는 안 먹고 애들 사줄 때도 있었어. 그래서 내가 한 그릇 슬쩍 더 주니까 끝까지 배부르다고 안 먹어. 그래서 난 정말 밥 먹은 줄 알았어요. 그런데 그 사람도 저녁 먹은 게 아니었어요. 시다 애들한테는 자기는 밥 먹었다고 그랬는데 (내가) 준다고 덥석 받아먹으면 애들 무안해 할까봐 그랬다는 거야, 나중에… 그래서 내가, 에이 바보야, 그랬거든."

아주머니는 전태일이 분신하던 날도 뼈다귀를 다듬고 있다가 그 소식을 들었다.

"무슨 일을 꾸미고 있다는 건 알았어요. 걱정도 되고 그래서 태일이가 왔길래 앉혀놓고 이야기를 했지요. 야 이 바보야, 네 일이나 걱정해라, 하고 타일렀어요. 그러니까 밑도 끝도 없이 내일이면 결판이 난대요. 결판은 뭔 결판? 그러고 말았는데 다음날 점심 끝나고였나? 누가 와서 태일이가 죽었다고, 불타 죽었다고 엉엉 울더라고요. 난 그때 불타 죽었다는 게 무슨 말인지도 몰랐어요. 그냥 공장에 불이 나서 죽었나 했지요."

김형민씨가 쓴 『썸데이 서울』에 나오는 내용이다. 전태일은 따뜻한 사람이었다.

4. 그들이 전태일을 선배라고 불러서는 안 되는 이유

1970년 전태일의 월급은 23,000원이었다. 당시 우리나라의 GDP는 87,000원으로 전태일의 연봉 276,000원은 이의 세 배 쯤 된다. 쉽게 말해 먹고살 만했다는 이야기다. 그런데도 그는 분신이라는 극단적인 방법을 통해 근로기준법의 준수를 외쳤다. 앞서 말한 대로 전태일은 자신의 처지를 분개했다기보다는 여공들의 참담한 삶에 분노를 느꼈다. 나를 위한 것이 아니라 남을 위한 행동이었다. 심지어 월급이 높은 미싱사를 포기하고 그보다 월급이 낮은 재단보조공으로 자리를 옮기기까지 했다. 그것이 나만 잘 살 수 없다는, 평화시장 여공들에 대한 인간적인 도리라고 생각했다(좀 과하긴 하지만 이런 사람들이 종종 있다).

이와 대비되는 것이 2016년 현재 노조가 결성되어 있는 귀족 노동자들이다. 그들은 자신들의 임금 상승분이 제품에 반영되는 것이 아니라 하청업체의 임금 하락으로 이어진다는 사실을 알고 있다. 그러나 모른 척 외면한다. 이들이 전태일을 입에 올리는 것은 그래서 부당하다. 노동자가 노동자를 착취하는 이 프로세스에서 전태일의 이름은 절대 나와서는 안 된다.

5. 아쉬운 이야기 둘

전태일의 모습에서 또 하나 흥미 있는 부분은 그가 구상했던 모범적인 피복업체 프로젝트다. 전태일은 근로기준법을 준수하고 노동자들에게 인간다운 대접을 해주는 그런 공장을 만들고 싶었다. 그는 미싱사의 월급은 1만원에서 3만원으로, 시다는 1천원에서 8천원으로 조정한 공장을 설계했다. 교사까지 고용해서 공부까지 책임질 생각이었다. 전태일의 계산은 어림짐작이 아니었을 것이다. 공장을 훤히 알았으니 이 정도로 배분해 주고도 공장이 돌아갈 수 있다고 생각했을 것이다. 물론 그 계획은 현실화되지 못했다. 당시에는 '자본'에 비해 '노동'이 너무 많았다. 수익을 따져보았을 때 이런 공장에 들어오는 정신 나간 자본은 없다. 그 프로젝트는 전태일이 자본을 가지고 있을 때에만 가능한 구상이었다. 그러나 이 부분에서 전태일의 '기업가 정신'을 읽는 것은 너무 무리한 발상일까. '학습'을 통해 방법론이 싸우는 쪽으로 가지 않고 개선과 모험으로 현실을 바꿔 나갔다면, 물량을 수주해서 이리 뛰고 저리 뛰고 일을 성사시켜 나갔다면, 어쩌면 우리는 살아 있는 '기업가' 전태일을 만났을지도 모르는 일이다.

전태일이 분신한 후 12일 뒤인 11월 25일에는 조선호텔 하급직 이상찬이 분신자살을 시도한다. 1971년에는 아시아 자동차 노동자들이 노조 결성을 방해하면 집단자살을 하겠다고 나섰고, 2월에는 식당 종업원 김차호가 가스통을 껴안고 소동을 피운다. 목숨을 담보로 발언권을 신청하는 극단적인 방법이 열병처럼 번졌다. 이것이 전태일이 남긴 부정적인 유산이다. 이 죽음의 행렬은 지금도 이어지고 있다. 전태일 이후 1990년대 후반까지 44명의 노동자가 목숨을 끊었다. 죽음을 불사하는 투쟁도 좋지만 목숨을 버려가면서까지 얻어야 하는 것은 세상에 없다. 자기가 있고서야 세상이 있는 것이다. 전태일의 어머니 이소선은 입버릇처럼 이렇게 말했다. "태일이의 죽음을 따르지 말고 살아서 싸워야 한다."

전태일을 죽음으로 몰고 간 근로기준법

박기성 / 성신여대 경제학과 교수

1. 근로기준법

한국의 근로기준법은 한국전쟁 중인 1953년 5월 10일에 제정되었다. 전쟁 중에 북한이 노동자 천국이라고 공세를 해대는 상황에서 남한도 근로자의 권익을 보장하는 법이 필요하였을 것이다. 노동조합법 및 노동쟁의조정법이 1953년 3월 8일에 제정·시행되는 등 노동 관련법이 모두 종전 전에 제정되었다. 그러나 근로기준법을 포함한 이 노동 관련법 대부분의 조항들은 남북한간 체제경쟁 차원에서 선언적인 의미의 조항들로서 그 당시에 지켜지기 어려운 것들이었다. 이 노동법 체계는 1961년 이후 일부 개정을 통해 구체화되었을 뿐이고, 1970년 전태일이 근로기준법을 지키라고 분신자살할 때에도 거의 그대로 유지되었다.

근로기준법은 상시 16인 이상 근로자를 사용하는 사업 또는 사업장에만 적용되었다(동법 시행령 제1조). 퇴직금(동법 제28조), 월차유급휴가(동법 제47조), 18세 이상 여자의 시간외근무 제한(동법 제57조) 관련 조항은 상시 16인 이상 30인 미만의 근로자를 사용하는 사업 또는 사업장에는 적용되지 않았다(동법 시행령 제1조).

근로시간은 휴게시간을 제외하고 1일에 8시간 1주일에 48시간을 기준으로 하고 당사자의 합의에 의하여 1주일에 60시간까지 늘릴 수 있었다(동법 제42조). 사용자는 근로자에 대하여 1주일에 평균 1회 이상의 유급휴일을 주어야 했다(동법 제45조). 사용자는 연장시간 근로와 야간근로(오후 10시부터 오전 6시까지 사이의 근로) 또는 휴일근로에 대하여는 통상임금의 100분의 50 이상을 가산하여 지급하여야 했다(동법 제46조). 사용자는 1개월에 대하여 1일의 유급휴가를 주어야 했고(동법 제47조), 1년간 개근한 근로자에 대하여는 8일, 9할이상 출근한 자에 대하여는 3일의 유급휴가를 주어야 했다(동법 제48조). 그리고 여자에게 월 1일의 생리휴가(동법 제59조)와 출산전후를 통하여 60일의 유급보호휴가를 주어야 했다(동법 제60조). 일정한 사업에 대하여는 사용자는 근로자의 채용 시와 정기적으로 의사에게 근로자의 건강진단을 시켜야 한다고 규정되어 있었지만(동법 제71조) 사업의 종류와 규격 또는 정기 건강진단의 횟수를 정하는 규정이 관련 시행령에 없었다.

13세 이상 16세 미만자의 근로시간은 1일에 7시간 1주에 42시간을 초과할 수 없었으며, 사회부의 인가를 얻은 경우에는 1일에 2시간 이내의 한도로 연장할 수 있었다(동법 제55조). 여자와 18세 미만자는 오후 10시부터 오전 6시 사이에 근로시킬 수 없었으며, 또 휴일근로에 종사시킬 수 없었다(동법 제56조). 상시 30인 이상의 18세 미만자를 사용하는 자는 이에 대한 교육시설을 하거나 보건사회부장관의 승인을 얻어 장학금을 지급하여야 했다(동법 제63조). 산업재해보상에 대해서는 근로기준법 제8장의 16개 조가 규정하고 있었다.

전태일은 아버지와의 대화 도중에 이런 근로기준법의 존재와 그 내용을 알게 되었다(조영래 2001, p. 153). 현실은 어떠했는가? 전태일 본인이 하루에 14시간(식사시간 포함)씩 1주에 7일을 일했으며 한 달에 2일만 쉴 수 있었다(조영래 2001, p. 257). 전태일은 신경성 위장병, 안구충혈, 신경통을 앓고 있었지만 건강진단 한번 제대로 받지 못했다(조영래 2001, p. 257). 여공이나 18세 미만자의 실태는 더욱 열악했다. 천장의 높이가 1.6m 정도라서 허리를 펼 수 없었고, 움직일 틈이 없을 정도로 비좁았고, 너무 밝은 조명 아래에서 일하므로 햇빛 아래서는 눈을 뜰 수 없었고, 옷감에서 나는 먼지가 가득 찬 방에서 하루 13~16시간씩 일해서 폐결핵, 신경성 위장병까지 앓고 있었다. 근로환경은 성장기 소녀들의 건강을 크게 위협하고 있었다(조영래 2001, pp. 264-265).

2. 전태일의 주장

근로기준법을 발견한 전태일은 그것이 지켜지지 않는 현실에 크게 분개했으며, 이를 개선해 보고자 1969년에 재단사들의 모임인 '바보회'를 김개남(가명)과 더불어 조직하였다. 전태일은 근로기준법을 공부하여 이 '바보회'를 중심으로 근로조건 개선을 역설하였다. 그는 얼마 지나지 않은 1969년 여름에 해고되었고, 평화시장에서는 더 이상 일할 수 없어 구로동, 남대문, 동대문 등에서 임시직을 전전하였다(조영래 2001, pp. 157-178).

전태일은 1969년 8~9월경 노동실태에 대해 설문조사를 하여 시청 근로감독관실(?)과 노동청을 찾아갔으나 실태조사 한 번 나오고는 반응이 없었다. 그는 '대통령 각하'에게도 편지를 썼다. 이 편지가 전달되지는 않았지만, 이 편지에 따르면, 그는 그 당시 평화시장에서 재단사로 일하고 있었다. 1970년 여름 삼각산 기슭의 임마누엘 수도원에서 신축공사장 인부로 4개월 일한 후인 9월 왕성사 재단사로 취직하였으나 10월초에 해고되었다. 10월 7일 경향신문 등에 평화시장의 실태를 보도하는 기사가 게재되었고, 업주들은 11월 7일까지 평화시장의 문제를 해결해 준다고 약속했으나 지켜지지 않았다. 1970년 11월 13일 전태일은 "근로기준법을 준수하라"고 외치면서 분신자살하였다.

근로기준법이 지켜지지 않는 상황에서 법을 지키라고 전태일이 주장한 것은 지극히 당연한 것이다. 행정관청이 법을 준수하지 않는 기업주와 근로감독관을 처벌하지 않은 것도 잘못된 것이다.

3. 비현실적인 근로기준법

전태일은 근로기준법을 준수하는 모범적인 업체를 설립하려고 계획을 세우고 자금을 마련하려고 노력했으나 실패하였다. 그가 계획한 대로 업체를 운영할 수 없었다는 반증(counterevidence)이다. 평화시장의 모든 기업주들을 근로기준법을 준수하지 않았다고 악덕 기업주라고 정죄할 수 있는가? 평화시장의 의복을 만드는 천여 개의 기업은 치열한 경쟁에 직면해 있었다.[1] 다른 기업보다 임금을 덜 주거나 근로조건이 나쁘면 그 기업은 근로자를 고용할 수 없었다. 모든 기업은 경쟁시장에서 형성된 임금과 근로조건을 제공할 수밖에 없었다. 이 당시 근로기준법을 준수했다면 그 기업은 문을 닫아야 했고 그곳에 고용되었던 근로자들은 실직했을 것이다.

원래 의도했던 것은 아니었겠지만 1987년 이전에 근로기준법 등의 불철저한 집행과 노동조합 활동에 대한 정부의 억압이 비현실적인 노동법의 폐해를 수정하는 기능을 하였다고 할 수 있다. 더 이상 이렇게 할 수 없게 되었던 1988년 이후 1997년 기간 동안에는 임금이 한계노동생산성을 상회하였다(그림 1). 이 상회는 해마다 누적되어 1996년의 임금은 1996년의 한계노동생산성을 13.8%나 초과하였다. 6·29선언 이전과 달리 이 기간에는 노동조합 활동이 활성화됨으로써 근로기준

---

1) 전태일의 대통령 각하에게 쓴 편지에 의하면, 평화시장에 3만여 명의 종업원이 있었으며, 한 공장에 평균 30명이 근무하고 있었다(조영래 2001, p. 216).

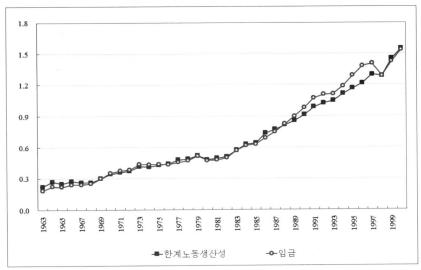

[그림 1] 한계노동생산성과 임금(출처: Park(2007)의 Figure 2.)

법을 비롯한 노동법을 준수하게 되어 임금이 한계노동생산성을 상회하게 되었다고 해석할 수 있다.

1997년 경제위기의 원인을 실물경제에서 찾는다면 한계노동생산성을 초과하는 임금이 10년간 지속되어 자원배분의 비효율성이 임계치를 넘는 순간 경제위기가 닥쳐왔다고 할 수 있다.

이 상황을 1960년대와 1970년대에 적용해 보자. 이 시기에 근로기준법 등을 철저히 지켰다면 경제가 성장하기도 전에 위기를 맞이하지 않았을까? 이것은 근로기준법의 불철저한 집행과 노동조합 활동의 억압을 정당화하는 것이 아니고, 그 당시의 근로기준법을 비롯한 노동법이 경제상황과 맞지 않는 비현실적이었다는 것을 지적하는 것이다.

[그림 1]에서와 같이 그 당시의 낮은 생산성 때문에 이상적인 근로기준법이 지켜지기 매우 어려웠고 임금도 낮을 수밖에 없었다.

4. 시장의 힘: 월급 23,000원

전태일은 1970년 9월경에 설문조사를 실시하여 126매의 설문지를 회수하였다(조영래 2001, p. 256). 전태일 본인의 월급을 23,000원으로 응답하였다. 노동청은 1968년부터 매년 상용근로자 10인 이상을 고용하고 있는 모든 산업의 사업체의 월임금 등을 조사하여 "직종별 임금 조사결과 보고서"를 발간하였다.

1970년 조사는 1970년 7월 20일부터 12월 20일 사이에 실시되었으며, 조사 기준 기간은 1970년 4월 한 달간이었다. 이 조사에 의하면, 남자 기자(110명)의 월평균 임금이 22,700원, 남자 교직자(15,286명)의 월평균 임금이 37,200원이었다(노동청 1971).

그 당시 기자와 교직자는 고등학교 졸업 이상의 학력이었다는 점과 연령도 상당히 높았다는 점을 감안하면, 초등학교를 중퇴한 22세 청년 전태일의 월급 23,000원은 결코 낮은 임금이 아니었다. 전태일이 속했던 의복제조업(신제외, KSIC 322)의 남자 월평균 임금이 1970년 사무직 28,100원, 직물 및 피복제조부문 감독 및 직공반장 21,000원, 도안사 및 재단사 20,800원이었다(노동청 1971). 전태일은 삼동(평화시장, 동화시장, 통일상가)에 근무하는 재단사의 월급을 15,000원에서 30,000원으로 대학노트에 적었다(조영래 2001, p. 261).[2] 삼동의 재단사가 당시 다른 의복제조관련 직장에 비해 임금이 낮았다고 볼 수 없다.

전태일의 월급 23,000원에 12를 곱해 연봉으로 환산하면 276,000원이 된다. 1970년 한국의 1인당 국내총생산(per capita GDP)은 87,000원이었으므로[3] 연봉 276,000원은 당시 1인당 국내총생산의 3.2배였다. 이 비교는 전태일의 수입이 그 당시 한국의 전반적인 수입에 비해 상대적으로 꽤 높았음을 보여준다.

근로조건은 어떠했을까? 전태일의 응답에 의하면, 한 달에 2일밖에 쉬지 못했으며, 오전 8시부터 오후 10시까지 근무했으며, 신경통과 위장병을 앓고 식사를 제대로 못했으며, 눈에 이상을 느끼고 있었다(조영래 2001, pp. 254-256). 이런 열악한 근로조건은 비단 평화시장에만 국한되는 것이었을까?

물론 전태일을 비롯한 평화시장의 근로자들이 저임금과 열악한 근로조건에 시달렸다는 것은 사실이다. 왜 그랬을까? 1970년의 87,000원을 국내총생산 디플레이터(GDP deflator)를 이용하여 2015년 원화로 환산하면 2,241,719원(2015년 원화 기준 1인당 실질 국내총생산)이다(그림

---

2) 주은선(1999, p. 260)에 의하면 1970년 청계의류 재단사의 임금은 30,000~ 153,000원이었다.

3) 이하 GDP와 GDP deflator의 출처는 국가통계포탈.

2).[4] 2015년 1인당 국내총생산은 30,792,000원이다. 1970년 1인당 실질 국내총생산은 2015년 1인당 실질 국내총생산의 7.3%에 지나지 않았다.[5] 1인당 실질 국내총생산으로 대표되는 우리나라의 전반적인 (평균) 노동생산성이 낮아서 근로자들이 절대적 저임금과 열악한 근로조건에 처해 있었던 것이다.

전태일의 월급 23,000원을 1970년의 최저생계비와 비교해 보자. 서상목(1979)은 1970년 도시 5인가구 최저생계비를 16,165원(=3,233원×5)으로 추정하였다. 이것을 경제협력개발기구(OECD) 수정 가구 균등화지수를 사용하여 4인가구 최저생계비로 바꾸면 13,584원으로 추정된다.[6] 23,000원은 이 최저생계비의 1.693배이었다. 2015년 4인가구 최저생계비는 1,668,329원이다.[7] 이 최저생계비의 1.693배는 2,824,481원이다. 여기에 12를 곱해 연봉으로 환산하면 33,893,772원이다. 월급의 최저생계비에 대한 비율을 사용하여 추정하면 1970년의 된 월급 23,000원, 연봉 276,000원은 2015년의 월급 2,824,481원, 연봉 33,893,772원에 해당한다.

---

4) GDP deflator 1970년 4.131, 2015년 106.443을 사용하여
  $87,000 \div 4.131 \times 106.443 = 2,241,719$

5) $2,241,719 \div 30,792,000 \times 100 = 7.3(\%)$

6) 경제협력개발기구(OECD) 수정가구균등화지수는 1인 0.37, 2인 0.63, 3인 0.82, 4인 1, 5인 1.19, 6인 1.37, 7인 1.56 등이다(보건복지부 기초생활보장과 담당자 통화).

7) 보건복지부. "2015년 최저생계비 2.3% 인상." 보도자료. 2014. 8. 29.

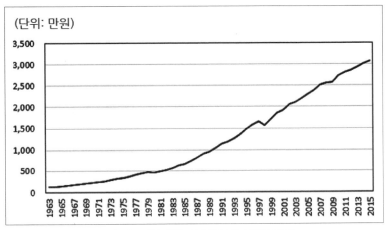

[그림 2] 1인당 실질 GDP(2015년 원화 기준)
주: 1인당 GDP와 GDP deflator로부터 저자가 계산. 출처: 국가통계포탈.

전태일은 1964년 봄경 평화시장 안의 한 업체의 시다(보조)가 되었지만 구두닦이, 우산장사 등의 일을 간간이 하다가 1965년 가을 평화시장 삼일사의 시다로 취직하여 본격적으로 평화시장의 근로자로 일하게 되었다(조영래 2001, p. 98, p. 316). 그가 시다를 시작할 때 월급은 1,500원이었다(조영래 2001, p. 100). 사직·해고와 취업을 반복하여 1970년 그의 월급은 23,000원이 되었다. 6년 사이에 15.3배 증가한 것이고 물가상승률을 감안하면 실질임금이 7.6배나 상승한 것이다.[8] 그리고 전태일은 평화시장에 들어온 이후 사직하거나 해고되면 곧 다시 취업할 수 있었다. 실질임금이 빠르게 오르고 쉽게 직장을 구할 수 있었던 것은 본인이 시다에서 미싱사, 재단보조를 거쳐 재단사가 될 정도로

---

8) GDP deflator 1964년 2.042, 1970년 4.131을 사용하여
23,000÷1,500×2.042÷4.131=7.6

기능을 향상하였을 뿐만 아니라 경제가 빠르게 성장하였기 때문이다. 이 기간 동안 근로기준법 등 노동법의 집행은 불철저했으며, 그 정도는 변화가 없었으므로, 본인의 인적자본 축적과 시장의 힘에 의해 실질임금이 급증한 것이다.

"근로기준법을 준수하라"고 외치면서 죽어간 전태일의 이타심 (altruism)은 높이 평가되어야 한다. 그러나 그 당시에 근로기준법은 지켜질 수 없는 법이었다. 비현실적인 근로기준법이 한 아름다운 청년을 안타까운 죽음으로 몰고 간 것이다.

참고문헌

노동청. *1970년 직종별 임금조사결과 보고서*. 서울: 노동청, 1971.

서상목. "빈곤인구의 추계와 속성분석." 한국개발연구 1 (2) (1979 여름): 13-30.

조영래. *전태일 평전*. 2차 개정판. 경기도 파주시: 돌베개, 2001.

주은선. "평화시장 근처의 의류 생산 네트워크와 지역 노동자의 경제생활 변천에 관한 연구 – 1970년대부터 1998년까지." *서울학연구* 13 (1999. 7): 245-283.

Park, Ki Seong. "Industrial Relations and Economic Growth in the Republic of Korea." *Pacific Economic Review* 12 (5) (December 2007): 711-723.

2

『전태일 평전』과
전태일

보편타당한 원칙에
비추어 본 『전태일 평전』

조영길 / 법무법인 아이앤에스 대표변호사

1. 서론

조영래 변호사의 저서 『전태일 평전』(이하 '평전')은 1960년대 후반에서 1970년 초반까지 평화시장의 10대 초중반의 어린 여공들의 참혹하고도 비인간적인 노동현실을 고발하면서 22살의 젊은 생명을 분신자살이라는 극단적인 방법으로 희생시킨 전태일에 대한 이야기다. 평전은 우리나라 계급투쟁적 노동운동의 성장에 크게 기여하였으며, 지금도 노동운동가들에게 가장 많이 애독되는 책이자 중고교 학생들에게 최우선적으로 추천되는 책이 되었다.

평전에서 전태일이 보여준 바 불의로 고통 받는 사람들에 대한 뜨거운 연민, 불의한 현실에 대한 의로운 분노, 불의한 억압과 방해에 대한 용기 있는 반대와 저항, 이타적인 희생과 기여, 봉사 그리고 양심의 실천 등은 보편타당한 원칙에 부합하는 덕목들이라고 평가된다.

그러나 평전은 기본적으로 당시 민청학련 사건으로 수배를 받아 도피 중이던 조영래 변호사가 현실 문제를 자본가들과 사회 전체적인 제도를 상대로 투쟁하는 방법으로 해결해야 한다는 계급투쟁적 관점에서 기술되어 있어, 국민들에게 자유시장주의에 근거한 건전한 제도와 질서를 적대시하고 부정적인 것으로 인식시키는 데 커다란 영향을 미치고 있어 매우 우려스럽다.

따라서 평전에 나타난 전태일 분신사건과 그 배경에 관하여, 균형 잡힌 관점에서 새롭게 평가하여 현재 계급투쟁주의의 편향적 평가가 압도하고 있는 현실을 극복할 필요가 있다. 이를 위해서는 평전 근저에 있는 편향된 철학과 이념의 부당성을 보편타당한 관점에서 검토하여 바로잡아야 한다. 이하에서는 평전의 어떠한 점들이 부당한지에 대해 간략히 검토하고자 한다.

2. 평전의 부당한 부분들과 극복 방안

평전의 부당한 부분은 크게 4가지 측면에서 나타난다.

(1) 참상의 원인을 우리가 살고 있는 전체 사회질서와 구조에 있다고 보고 있다

조영래 변호사는 평전을 통해 부유하고 가진 자들의 억압과 착취로 노동자들이 고통 받고 있는 현실을 극복하기 위해서는 현재 이 제도와 질서를 개조해야 한다고 보았다. 평전에 나타난 조영래 변호사의 현실 인식은 다음과 같이 나타난다.

"강자의 현실이 만들어 놓은 틀", "기업주들의 탐욕과 결탁한 노동청, 아니 그 이상의 상대인 악마와 같은 현실의 벽", "부유한 자, 강한 자들의 세상, 저주받아야 할 불합리한 현실. 인간에 대하여 철저히 무관심한 현실", "강자가 약자를 부조리하게 학대하는 이 현실. 그것은 개조되어야 할 현실이었다." "부유하고 강한 자들의 횡포 아래 탐욕과 이해관계로 얽혀진 불합리한 사회현실의 덩어리─인간을 물질화하는 부패한 환경─ 생존경쟁이라는 이름의 없어도 될 악마의 야만적인 질서, 그것이 분해되기를 그는 바랐다."

보편타당한 원칙에 비추어 보면, 평전이 주목한 현실 문제는 모두 원칙을 지키지 않는 인간들의 행동들이 만들어내고 있는 악한 결과들이다. 즉, 참상의 문제의 원인은 생산수단을 사유화하는 제도가 아니라 원칙을 위반한 인간들의 선택과 행동에서 비롯되는 것이다. 당시 자유시장경제체제의 기업주들 중에서도 제반 법률을 충실히 지키며 공정원칙에 맞게 충분히 보상하고 인격적 존재로 근로자들을 존중하는 사람들도 많았다. 그러한 사업장에서는 조영래 변호사나 전태일이 주목한 지옥과 같은 참상은 나타나지 않았다.

이는 기본적으로 조영래 변호사가 인간의 행동과 의식을 구속하는

것은 환경, 사회적 존재라는 물질이라고 보는 유물론의 관점에서 사회
를 분석했기 때문이다. 인간이 외부의 환경을 얼마든지 극복할 수 있
다는 능력이 있다는 점을 간과했다. 부유한 자와 강자들 가운데도 보
편타당한 원칙을 충실히 지키며 자신들이 가진 영향력을 행사한 결과
산업과 사회 현장에서 전태일이 바로잡고자 한 비참한 노동지옥이 나
타나지 않은 우리 사회와 선진 각국의 수많은 사업장들을 외면한 부당
한 면이 있다.

(2) 문제 해결 방식으로 오로지 투쟁, 물리적 실력행사의 방법으로
만 가능하다고 보았다

평전은 이에 대해 다음과 같이 기술하고 있다.

"정 업주들이 말을 안 들으면 평화시장 3만 근로자가 일제히 파업을
해버리거나 데모를 하거나 하면 저희들이 안 들어주고 배겨낼 재주가 있
겠느냐, 이것이 태일의 이야기의 취지였다.""데모, 시위, 위세와 위력을
보여줌으로써 겁을 준다. 상대방으로 하여금 떨게 한다. 엉터리 비폭력
주의자들이 무엇이라고 말하건 간에 데모란 상대편의 양심이나 자비심
이나 동정심을 구걸하는 행위가 아니라, 이쪽 편의 실력을 배경으로 한
상대편에 대한 공갈인 것이다. 역사상 모든 억압자들의 양보, 민권의 평
화적인 승리란 본질적으로 바로 이러한 과정을 통하여 이루어졌던 것이
다."

이러한 조영래의 관점에 의하면 모든 가진 자, 권력자들의 양심은 닫혀있고 선한 지배자는 존재하지 않는다. 그래서 오로지 물리적 실력행사의 방법만이 가진 자, 권력자들을 두렵게 하여 문제를 해결할 수밖에 없다고 단언한다. 모든 지배자들을 죄악시하고 선한 지배자는 결코 없다는 무모한 편향성이 평전의 부당한 부분이라 할 수 있다.

그런데 이는 인간의 양심은 환경의 영향력을 넘어설 수 있는 자유능력이 있고, 평화적인 방법으로도 많은 노동문제들이 해결되어 왔다는 점을 간과한 분석이다. 강제력을 동원하기 이전에 모든 인간의 내면에 존재하는 자유로운 양심에 호소하는 평화적 비강제적 방법이 더 우선시되어야 한다. 그리고 이 평화적 방법으로도 대단히 많은 문제들이 효과적으로 해결된다. 그럼에도 이러한 평화적 방법이 효과가 없고 상대방이 완고하게 타인에게 피해를 주는 원칙 위반 행동을 하고 있을 때, 합법적이고 합당한 실력행사를 보충적으로 행사하는 것이 타당하다. 이러한 점에서 평전이 오로지 실력행사에만 주목하게 하여 합법의 테두리를 현저히 벗어나는 폭력, 파괴적 노동운동까지 불사해야 한다는 잘못된 메시지를 심어주었다는 점에서도 부당하다.

(3) 정의로운 법률과 도덕에 대해 철저히 불신하고 배격하였다

평전은 "철조망, 그것은 법이다. 질서이다. 규범이며 도덕이며 훈계이다. 그리고 어떤 의미에서는 억압이다. 그리하여 철조망을 넘는 과정은 무뢰한으로 전락하는 과정, 법과 질서의 테두리 밖으로 고독하게 추방되는 과정, 양심과 인륜을 박탈당한 비인간으로 밀려가는 과정이

다.”“전태일은 근로기준법을 화형에 처하기로 했다. 근로기준법이 있어서 노동자들이 살 수 있게 된 것이 아니라, 근로기준법이 있었기 때문에 노동자들의 참상은 더욱 더 숨겨지고 전태일의 가슴은 더욱 분노로 터졌던 것이다. 있으나 마나한 법, 그들의 권리는 종잇조각에 지나지 않는 그 허울 좋은 법조문에 의하여 지켜지는 것이 아니라 오직 그들 스스로의 불굴의 투쟁에 의해서만 쟁취되고 지켜지는 것이라는 진리를 일깨우고 싶었던 것이다.”

조영래 변호사는 평전 어느 곳에서도 정의로운 법률, 타당한 도덕, 원칙 등에 대해 긍정적인 평가를 하지 않았다. 오히려 노동자들에게 부조리한 현실에 대해 저항을 못하도록 만드는 노예의식을 강요하는 것으로 보았다. 그러나 법률이나 도덕은 누구나 지켜야 하는 기준이지, 자신은 지키지 않은 채 상대방만 지키게 하여 자신의 이익을 취할 수 있는 수단이 결코 아니다. 조영래 변호사는 자신이 변호사였음에도 불구하고 전태일이 직면했던 노동의 참상은 정의로운 법률이나 타당한 도덕, 원칙 등에 호소해서는 해결되지 않는다고 보았다.

조영래 변호사의 이러한 관점은 법률과 도덕을 오해한 것일 뿐만 아니라 법률과 도덕이 실제로 가장 효과적인 문제 해결의 길을 제시한다는 점을 간과한 것이다. 오히려 보충적으로 행사되어야 할 실력행사를 유일한 해결수단으로 보았다. 인간의 양심에 기초하여 자유로운 결행에 의한 법과 원칙의 준수를 통한 문제해결을 조롱했으며, 국가기관 담당자들에 의한 정의로운 법률 집행에 의한 문제해결도 위선적이라고 비난했다. 평전에서 이러한 극단적인 문제해결 방식을 판단력이 성숙하지 않은 우리 사회의 수많은 젊은이들에게 반복적으로 강변했다.

법률과 양심에 의한 해결을 조롱했던 조영래 변호사는 실제로 1980년대 초반부터 정의로운 법률이 사회 곳곳에서 준수되도록 하기 위한 인권변호사로서의 삶을 살았다. 정의로운 법률을 믿고 법률 담당자들의 양심에 호소하며 불의를 바로잡아가는 실천적 삶을 살았던 것이다.

(4) 자살이라는 문제해결 방식을 정당화했다

조영래 변호사는 노동참상에 대한 해결방안으로 전태일이 자살을 선택한 것은 어쩔 수 없는 것이었으며 노동운동 발전에 지대한 기여를 했다고 정당화했다. 참된 노동운동에 대한 가열한 탄압, 아무리 싸워도 아무도 관심을 가져주지 않는 무거운 침묵의 현실의 벽, 얼음처럼 굳고 굳은 착취와 억압과 무관심의 질서인 부조리한 현실에서 진정서나 말로 하는 호소로써 가능한 것이 아니라 오직 자신의 젊은 스물둘의 목숨을 아낌없이 던지는 모범, 불타는 육탄, 불타는 노동자의 육탄 뿐이었다고 거듭 거듭 주장했다.

그러나 어떤 경우라도 자살은 결코 옳지 않은 것이다. 자살을 교사하거나 돕는 것은 범죄로 규정되어 있기까지 하다. 자살을 결행하게 된 상황에서, 자살자가 겪어야 했던 극심한 고통, 자살을 통해 바로잡고자 하는 상황의 불의함, 자살이 초래할 각성 효과의 지대함 등을 모두 이해하고 동의하더라도 자살이 바르고 타당한 선택이 아니라는 점을 명확히 할 필요가 있다.

그런데 전태일의 분신자살 이후 우리나라 노동운동 역사에는 젊은 이들의 자살이 수없이 이어졌고, 마치 정당한 운동방법인 것처럼 평가되었다. 이는 전태일의 자살이 어쩔 수 없는 선택이었다고 하며 정당화했던 평전의 영향이 상당하다고 하지 않을 수 없다. 실제로 조영래 변호사도 젊은이들의 숱한 자살을 보면서 평전이 그러한 죽음들에 어떤 영향을 주지 않았나 자책하는 말을 했다고 한다. 전태일의 어머니 이소선 여사도 자살을 시종일관 반대했다. 이소선 여사 역시 숱한 학생들과 노동자들이 평전을 읽고 죽음으로 항거하는 것이 아닌가 하는 괴로움에 시달렸다고 고백했다.

3. 결론

전태일의 불의에 대한 강렬한 정의감, 고통을 겪는 사람들에 대한 뜨거운 연민, 정의를 실현해 보기 위한 치열한 노력과 헌신적 활동은 마땅히 높이 평가되고 존중되어야 할 정신이다.

그러나 앞에서 본 바와 같이, 보편타당한 원칙에 부합하지 않는 평전의 부당한 부분들에 대해서는 분별하고 이를 극복해내야 한다. 불의한 환경 및 현실의 문제점만 보고 그 현실을 만들어 내는 원칙 위반적인간 행동들에 주목하지 못한 점, 실력행사에만 주목하고 보편타당한 법과 도덕, 인간의 자유로운 양심의 능력을 외면한 점은 바로잡혀야 마땅하다. 그리고 인간의 생명을 건 희생에 대하여 자살이 결코 타당하지 않은 것임을 분명히 해야 한다.

평전의 내용을 보편타당한 원칙에 비추어 수용하고 따라야 할 내용들과 극복하고 보강해야 할 내용들을 분별하는 것은 전태일이 가진 기본적 동기인 정의롭고 타당한 정신을 바르게 계승하는 길이다. 그리고 이는 평전의 내용 중에 보편타당한 원칙에 부합하지 않아서 우리 사회에 던져줄 부담과 과제들을 슬기롭게 풀어가는 길이 될 것이라고 믿는다. 앞으로도 평전이 담고 있는 잘못된 관점들을 극복하는 문화비평들이 많아져서 미래의 세대들이 바른 분별력을 가지도록 돕는 문화운동이 활발히 일어나기를 기대한다.

『전태일 평전』의 3가지 함정:
착취? 대학생 친구? 동시대인의 선택?

류석춘 / 연세대 사회학과 교수

※ 이 글은 월간조선 2016년 12월호에 발표된 것이다.

1. 『전태일 평전』의 함정

조영래 변호사가 쓴 『전태일 평전』(2009 신판)을 읽으면 전태일 그리고 당시 평화시장 근로자들이 겪은 삶의 조건에 독자들은 피가 거꾸로 솟지 않을 수 없다. 어린 전태일에게 주어진 삶의 무게는 너무나 버거운데 반해 그를 도와주는 사회적 장치는 전혀 존재하지 않기 때문이다. 그래서 이 책은 전태일로 대표되는 당시 노동자들이 엄청난 '착취'를 당했다는 인식을 가슴 속 깊이 심어준다.

천신만고 끝에 전태일은 1964년 봄 그의 나이 16살에 평화시장의 '시다'라는 일자리를 겨우 구한다. 그러나 가족의 생계는 물론이고 심지어는 스스로조차 돌보기 어려운 악조건에서 벗어나지 못한다. 마침내 그는 일자리를 얻은 지 만 6년 반 만인 1970년 11월 13일 22살의 나이에 열악한 근로조건에 저항하는 최후의 수단으로 분신자살을 선택한다. 이러한 『전태일 평전』의 내용 때문에 전태일은 당시 '착취'당하던 우리나라 노동자를 상징하는 인물로 널리 알려지게 되었다.

그러나 『전태일 평전』을 찬찬히 비판적으로 분석해 보면 과연 이러한 평가가 정당한가에 대한 의구심을 갖게 하는 내용이 많다. 가장 중요한 문제로 지적되어야 할 내용은 책 전체에 숫자로 등장하는 돈의 가치다. 숫자는 객관적으로 보인다. 또한 모든 액수가 당시의 물가로 표시되어 46년이 지난 2016년 오늘날의 시점에서 읽으면 그 액수가 정말이지 터무니없이 작다는 느낌을 갖게 한다. 물론 이 문제는 『전태일 평전』이 처음 우리말로 출판된 1983년을 기준으로 생각하더라도 마찬가지다. 또한 물가가 우리보다 훨씬 비싼 일본에서 1978년 출판된 책에 한국 돈 '원'으로 표시된 숫자는 더욱 더 그러한 효과를 가졌을 것이다.

만약 독자들이 2016년 오늘날의 기준과 전태일이 살았던 1960년대 후반의 기준을 오가며 돈의 가치를 따져보는 번거로움을 감수할 생각을 잠시라도 한다면 그나마 다행이다. 그러나 이 문제에 제대로 접근하기 위해서는 물가상승률과 GDP deflator를 조합할 수 있는 경제학 지식이 필요하다. 그렇기 때문에 평범한 독자에게 이 문제는 여전히 어려운 문제로 남을 수밖에 없다.

이 글에서는 우선 『평전』에 등장하는 당시 돈의 가치, 즉 월급을 전

태일의 직장 경력 이동과 그에 따른 임금상승과 교차시키며 분석하고
자 한다. 조영래 변호사의 화려한 수사 때문에 대부분의『평전』독자는
전태일이 어린 나이에 엄청난 '착취'를 당하였고 또한 그것이 전태일
의 경우에만 해당되는 일이 아니라 당시 노동자들 모두가 겪은 일이라
고 생각하기 쉽다. 이 글은 바로 이 대목을『평전』의 내용에 기초해 본
격적으로 따져보는 글이다.

　　다음, 이 글은 전태일을 분신자살이라는 선택으로 몰고 갔던 당시
의 상황을 입체적으로 접근해 보고자 한다. 혹시 조영래의『평전』은 전
태일의 노동운동 투신과 분신에 관해 있었던 사실 가운데 일부를 의도
적으로 왜곡 및 축소하고 있지는 않은가? 조영래의『평전』을 청계천
평화시장의 노동운동을 증언하는 다른 기록과 교차시킬 때 앞뒤가 맞
지 않는 부분은 없는가? 만약 그렇다면 조영래의『평전』은 있는 그대
로의 전태일을 그리기보다는 특정한 목적을 위해 사실을 왜곡한 글이
라는 비판을 피할 수 없다.

　　마지막으로, 이 글은 전태일의 선택을 당시를 살았던 다른 사람들
의 선택과 비교하여 그 의미를 객관적 혹은 상대적으로 조명해 보고자
한다. 그의 극단적인 선택, 즉 분신자살이 과연 조영래의『평전』이 말
하듯이 정말 불가피한 선택이었는지를 재검토하기 위해서다. 물론 이
작업을 하기 위해서는 비교의 대상을 전태일과 비슷한 경우로 국한해
야 함은 더 말할 필요도 없다.

2. 전태일의 평화시장 경력과 임금상승: '착취'라고?

여기서는 『평전』에 제시된 여러 가지 근로조건 문제 가운데 특히 전태일의 경력이동 및 임금상승 문제를 집중적으로 살펴본다. 물론 모든 자료는 『평전』에 제시된 숫자를 근거로 논의한다. 구체적인 사실의 확인이 필요한 내용은 2009년 신판 『전태일 평전』 책의 페이지 숫자를 괄호 속에 밝혀 독자들이 확인하기 쉽도록 구성했다.

『평전』에 따르면 전태일은 1964년 봄 '삼일사'의 '시다'로 취직하면서 월급을 1,500원 받았다(85-87쪽). 또한 그는 1년 후 1965년 같은 회사의 '미싱보조'가 되면서 월급이 두 배로 뛰어 3,000원이 되었다(88쪽). 그로부터 다시 1년 후인 1966년 가을 그는 회사를 '통일사'로 옮기며 '미싱사'로 승진하여 월급이 7,000원으로 상승한다(109 쪽).

이를 정리해 보면 전태일은 '시다 → 미싱보조' 승진 사다리를 1년 만에, 그리고 '미싱보조 → 미싱사'라는 다음 단계의 승진 사다리를 다시 1년 만에 올라갔음을 알 수 있다. 또한 그러한 승진의 결과 월급이 만 2년 동안 무려 4.6배 상승하였음도 알 수 있다.

이와 같은 전태일의 경력 상승은 『평전』이 기술하고 있는 평화시장의 일반적 경력이동 패턴과 비교하여도 매우 빠른 경우다. 『평전』은 당시 평화시장에서 '시다'로 시작해 '미싱보조'로 승진하는 데 필요한 시간을 1.5년에서 2년, 그리고 '미싱보조'에서 '미싱사'로 승진하는 데 필요한 시간을 3~4년이라고 말하고 있다(82-83쪽). 다시 말해『평전』은 당시 평화시장의 승진 사다리에서 '시다'에서 '미싱사'까지 올라가는 데 최소 4.5년 최대 6년이 필요하다고 기술하고 있다.

이 승진의 사다리를『평전』에 따르면 전태일은 불과 2년 만에 모두 올라갔다.[9] 그러나 전태일은 이에 만족하지 않는다. '미싱사'보다는 '재단사'가 훨씬 더 좋은 대우를 받는다는 사실을 알고 있었기 때문이다. 그리하여 그는 '재단사'가 되기 위한 노력을 바로 이어서 시도한다. '미싱사'가 되고 난 직후인 1966년 추석 대목 후 그는 회사를 '한미사'로 옮기며 '재단보조'가 된다(111쪽).

그는 '재단보조'가 '미싱사'보다 대우가 훨씬 나쁘다는 사실을 잘 알고 있었다. 그러나 '재단보조'를 거쳐야 '재단사'가 될 수 있다는 더 중요한 사실도 그는 물론 잘 알고 있었다. 그렇기 때문에 전태일은 그러한 선택을 주저 없이 감행할 수 있었다. '재단보조'가 된 그의 월급은 비록 3,000원으로 줄었지만(110쪽), 그로부터 반 년 후인 1967년 2월 마침내 그는 같은 회사인 '한미사'에서 '재단사'로 승진한다(117쪽). 평화

---

9) 물론 전태일의 이러한 고속 승진의 배경에는 부친의 영향이 없지 않았다.『평전』에 따르면 전태일의 부친은 이미 1950년대에 재봉틀을 소유하고 양복제조업에 종사한 경력이 있기 때문이다(18쪽). 비록 불의의 사고로 사업에 실패했지만 전태일은 부친의 영향으로 집안에서 봉제 일을 배우며 이미 상당한 숙련을 얻을 수 있었다. 이에 더해 전태일의 일에 대한 성실성은 물론 가족을 돌보아야 한다는 경제적 절박함도 이와 같은 고속 승진에 한 몫 했음에 틀림없다.

시장에 '시다'로 들어온 지 딱 3년 만의 일이다.

　『평전』은 그가 재단사가 된 후 받은 월급이 얼마인지 분명히 밝히고 있지 않다. 그러나 『평전』은 여러 곳에서 당시 평화시장 '재단사'의 월급이 15,000원부터 30,000원까지의 범위 내에 있었음을 증언하고 있다(98쪽 및 261쪽). 그러므로 이 범위 안에서 전태일이 갓 재단사로 승진한 직후, 즉 1967년 3월에 받은 월급이 『평전』이 제시한 임금 범위의 하한가인 15,000원이라고 추정하는 것은 전혀 무리가 없다.

　이를 전제로 『평전』에 나타난 전태일의 경력이동과 임금상승을 종합적으로 정리해 보자. 전태일은 16살이 되던 1964년 봄 평화시장에서 '시다'로 일을 시작해 만 3년 만인 19살이 되던 1967년 봄 '재단사'가 되었으며, 같은 기간 그의 월급은 1,500원에서 15,000원으로 정확히 10배 올랐다. 엄청난 임금상승이 아닐 수 없다. 같은 기간 소비자물가상승률이 매년 10% 대 초반이었음을 감안해도 이러한 임금상승은 요즘 기준으로 상상할 수 없는 수준이다.

　3년 만에 임금이 10배 상승한 전태일의 상황을 오늘날의 맥락에 대입해보면 그러한 임금 상승이 얼마나 파격적인지 더욱 분명히 알 수 있다. 2016년 오늘날 16살에 비정규직으로 최저임금을 받는 사람이 있다고 치자. 그렇다면 그의 월급은 '시간당 최저임금 6천원 × 하루 8시간 ×주 5일 ×월 4주'의 계산으로 96만원 수준이다.

이 노동자가 3년이 지나 19살이 되면서 정규직이 되고 또한 임금이 열 배로 상승했다고 치자. 그렇다면 그의 월급은 960만원으로 수직 상승한다. 이 정도의 임금 상승이면 요즈음도 하루 8시간이 아니라 12시간, 주 5일이 아니라 7일, 그리고 한 달 내내 쉬지 않고 일할 사람이 얼마든지 있을 것이다. 전태일이 겪었던 열악한 노동조건은 둘째 치고 그의 임금 상승은 정말이지 파격적이었음에 틀림없다.

1964년 전태일이 받은 월급 1,500원을 복지제도가 갖춰진 오늘날의 상황에서 최저임금 월급 96만원과 동일하게 취급하는 작업이 지나치게 낙관적인 방식의 추정이라고 비판할 수 있다. 그렇다면 당시 그가 받은 월급 1,500원을 오늘날 시간당 받는 최저임금의 절반 수준이라고 가정해 보자. 그렇다면 시급이 3,000원이고, 월급은 48만원이다. 이 임금이 3년 만에 10배로 오르면 월급 480만원이다. 당시 전태일의 임금을 오늘날 최저임금의 절반이라고 쳐도 여전히 '착취'라는 말을 할 수 없다. 3년 동안 임금이 10배나 올랐기 때문이다.

16살이라는 나이에 학교를 다닐 수 없는 가정형편 때문에 직장을 구하러 나온 젊은이에게 당시 사회는 일자리를 주었고, 그로부터 3년 만에 월급을 열 배나 받게 해 주었다. 또한 전태일은 이로부터 다시 3년 후인 1970년 재단사가 되면서 월급을 2만3천원 받았다고 스스로 밝히고 있다(256쪽). 그렇다면 전태일의 월급은 1964년부터 1970년까지 6년 동안 무려 15배 이상 상승한 셈이다. 이를 두고 과연 누가 착취라는 말을 꺼낼 수 있는가?

자유경제원이 전태일 분신 46주기를 맞이하여 개최한 세미나 "전태일 생애 바로보기: 누가 전태일을 이용하는가"에서 발표된 경제학자 박기성 교수의 글 "근로기준법이 전태일을 죽음으로 몰고 갔다"에 제시된 다음의 인용문이 착취가 아니었음을 객관적으로 뒷받침한다. "전태일의 월급 2만3천원에 12달을 곱해 연봉으로 환산하면 27만6천원이 된다. 1970년 한국의 1인당 국내총생산은 8만7천원이었으므로 연봉 27만6천원은 당시 1인당 국내총생산의 3.2배였다." 대한민국 평균 소득의 3배를 넘게 받던 사람이 착취를 당했다고?

3. 전태일의 노동운동 투신과 모범업체 구상 그리고 분신: '대학생 친구'가 없었다고?

일자리에 비해 인력이 넘쳐나던 당시의 상황에서 평화시장에 취직이 되고 또한 앞에서 살펴본 바와 같은 엄청난 경력과 임금의 상승이동을 경험한 사실은 19살 전태일이 개천에서 용으로 비상하는 기회를 잡은 것과 다름없는 모습이다. 그러나 『평전』에 따르면 전태일의 고민은 재단사가 되고부터 오히려 깊어졌다고 한다. 전태일은 자신에게 요구되는 감당할 수 없는 노동의 강도는 물론이고 주변의 어린 여공들이 처한 열악한 노동조건에 충격을 받았기 때문이라고 『평전』은 설명한다 (117-126쪽 & 126-137쪽).

이러한 고민으로부터 '노동운동가' 전태일의 탄생을 예고하면서 조영래는 다음과 같이 말한다. "이렇게 괴로운 날들이 이어졌다. 이제 전태일의 머릿속은 기술자가 되어 돈을 더 벌겠다든지, 대학교를 가겠다든지 하는 생각보다 날마다 눈앞에 부딪히는 동료 직공들의 딱한 사정을 어떻게 해결해 주나 하는 생각으로 꽉 미어지게 되었다"(132쪽).

이후 재단사 전태일은 만 20살이 되던 1968년 봄부터 고용주와 갈등을 반복하면서 해고와 재취업이라는 불안정한 생활을 이어갔다. 동시에 그는 '근로기준법' '노동조합' 등 노동운동에 필요한 공부를 하며 "대학생 친구가 하나 있었으면 원이 없겠다"라는 말을 입버릇처럼 하게 되었다고 한다(166쪽).

전태일은 재단사가 된 지 만 2년 후인 21살, 즉 1969년 6월에 동료 재단사들을 모아 '바보회'라는 노동운동 단체를 결성한다. 그와 동시에 근로기준법을 준수하면서 종업원들에게 인간다운 대우를 해주는 '모범적인 피복업체'를 만들어 보겠다는 구상을 펼친다. 전태일은 모범업체의 목적을 "정당한 세금을 물고, 근로기준법을 준수하고도, 제품계통에서 성공을 할 수 있다는 것을 여러 경제인에게 입증시키고, 사회의 여러 악조건 속에 무성의하게 방치된 어린 동심들을 하루 한시라도 빨리 구출하자는 데 그 취지가 있다"고 밝히고 있다(223쪽).

그러나 이는 전태일 스스로도 인정하고 있듯이 "현실적으로 이루어지지 않을 실로 어처구니없는 공상"이었다(226쪽). 왜냐하면 『평전』에서 무려 10쪽이나 차지하고 있는 이 구상의 구체적인 내용 어디에도 기업은 이윤추구를 전제로 성립한다는 기본적인 조건에 대한 이해를 발견할 수 없기 때문이다(220-230쪽). 다시 말해 이 모범업체는 '기업' 이라기보다는 '복지단체'에 가까운 모습이었다.

모범업체의 운영에 필요한 자본금 3,000만원을 구하는 방안 또한 이러한 해석을 뒷받침한다.『평전』에서 조영래는 전태일이 "자기의 눈 알 하나를 빼서 실명자에게 기증하여 그 사실이 신문에 보도가 되면 그 신문을 본 독지가가 그의 사람됨을 믿고 투자를 할 거라는 생각"이 었다고 설명한다(232쪽).『평전』은 또한 전태일이 실제 이런 편지를 보냈으나 반송되었다고 증언하고 있다. 조영래는 모범업체 구상이 실현 불가능하다는 사실을 깨달은 전태일이 마침내 죽음이라는 마지막 선택을 '스스로' 결단하는 과정을 다음과 같이 설명한다.

"삶의 문제는 결국 죽음의 문제이며, 죽음의 문제는 결국 삶의 문제이다. 비인간의 삶에 미련을 갖는 자는 결코 인간으로 살 수 없다. 전태일이 죽음을 각오한 투쟁을 결단할 수 있었던 것은 그가 비인간의 삶에 대한 온갖 미련을 떨쳐버릴 수 있었기 때문이었다. 그가 이 사회의 밑바닥에서 겪고 보아온 비인간의 삶은 너무나도 '지긋지긋하고 답답한' 것이었다. 그것을 철저히 인식하였을 때 그는 그것을 철저하게 증오하지 않을 수 없었다. 그는 비인간적인 현실의 '덩어리에 뭉쳐지기'를 원하지 않는다고 외쳤다. 그는 '죽음 그 자체를 두려워하기 전에 (비인간의) 삶 그 자체에 환멸을 느낀다'고 고백하였다. 그리고는 아주 분명하게 '나를 버리고, 나를 죽이고 가마'라고 말하였다"(241-242 쪽).

그러나 이 설명은『평전』이 드러내고 싶어 하지 않는 매우 중요한 쟁점을 숨기고 있다. 다름 아닌 남정욱 교수가 "70년대 노동운동, 전태일 그리고 불편한 진실"에서 지적하고 있는 문제다(2016.7.5 세미나 발표). 남정욱 교수는 "전태일에게 대학생 친구는 물론 대학생 멘토까지 있었다"고 지적한다. 남정욱의 설명을 잠시 들어 보자.

"사울 알린스키(1909~1972)라는 인물이 있다. 버락 오바마와 힐러리 클린턴이 모두 존경하는 미국의 급진적 사회운동가로 1939년 시카고 빈민촌에서 주민들을 조직화하는 등 실천적 조직과 이론을 정립했다. 그의 이론 중에 '지역사회이론'이란 게 있다. '잠자는 민중을 깨워 리더를 양성시킨 뒤 그들 스스로 문제를 해결하도록 한다'는 내용이다. 이전까지는 활동가가 지역에 침투해서 직접 조직을 꾸리는 방식이었다. 그것이 현장에서 발굴한 리더를 통해 운동을 진행하는 방식으로 바뀐 것이다. 알린스키는 절망에 빠져 있는 사람들의 옆에 앉아 조용한 말로 설득했다. "당신을 구할 사람은 당신 뿐"이라고 부추기고 그 선동에 책임을 지는 것이 사회개혁의 근간이라고 알린스키는 주장했다. 운동이 시작될 때 조직가는 그 바람을 타고 주인 행세를 해서는 안 되며 훈련된 조직가는 선택한 현장에서 3년 이내에 운동을 일으키고 운동이 일어나면 바로 그곳을 떠나라고 그는 가르쳤다."

우리나라 운동권 역사에서 나름 중요한 위상을 차지하고 있는 예일대학 신학부 출신의 오재식(1938-2013)은『기독교 사상』1970년 12월호에 기고한 "어떤 예수의 죽음"이라는 글에서 자신이 누구보다 전태

일의 분신 소식을 현장을 통해 가장 빨리 알았던 사람이라고 주장한
다. 그 오재식이 사울 알린스키(Saul Alinsky)의 영어책 *Rules for Radicals*
를 번역하여 아르케에서 2008년 출판한 책 『급진주의자를 위한 규칙』
의 추천사에서 다음과 같은 증언을 하고 있다(알린스키, 2008: 7쪽).

> "나는 귀국 후 다시 기독학생운동으로 복귀하여 기독학생운동 단체
> 들의 통합 과정에서 한국학생사회개발단(학사단)을 결성할 것을 제안했
> 다. 그리고 1967년에 출범한 학사단 운동에 사회문제에 대한 알린스키
> 의 접근방법을 풀어 넣었다. 훈련받은 학생들은 두세 명으로 팀을 구성
> 하여 서민들의 수많은 삶의 현장에 투입되었고, 신분을 밝히지 않은 채
> 현장의 목소리와 울음소리를 수록하였다. 현장의 상황을 정확하게 파악
> 한 후 선동하지 않고 차분하게 그들을 조직하는 것이 목적이었다. 이렇
> 게 접근한 수많은 현장 가운데 하나가 1970년 전태일 분신사건이었다.
> 이 비극적인 사건은 노동운동자들의 운동을 활성화시키는 기폭제가 되
> 었다. 기독학생운동이 노동운동과 손을 잡고 1970년대 '민주화운동'을
> 시작하게 된 것이다."

같은 글에서 그는 알린스키가 한국과도 짧지만 깊은 인연을 가지고
있음을 다음과 같이 설명하고 있다(알린스키, 2008: 15쪽).

> "1968년에 … 미국 장로교의 조지 타드 목사는 허버트 화이트
> (Herbert White)란 조직가를 … 한국에 보냈다. 화이트는 연세대학교 도
> 시문제연구소를 베이스로 하고 수도권 선교협의회에 가담해서 서울 청

계천의 빈민촌을 중심으로 조직가들을 훈련하기 시작했다 … 화이트는 알린스키의 훈련을 받은 사람으로 미국 뉴욕 주의 로체스타에서 코닥 (Kodak)을 상대로 한 주민조직을 성공시킨 조직가였다. 수도권 선교협의 회는 위원장 박형규 목사를 중심으로 화이트에게서 훈련받은 젊은 조직가들의 행동반경을 확대시켰다. 이 훈련계획은 2년간 계속되었고 15명에 가까운 사람들이 과정을 마쳤다. 이렇게 조직된 수도권 팀은 도시산업선교회 사람들과 연대하여 1970년대 한국 민주화운동의 근간을 만들었다."

오재식의 글이 사실이라면 조영래의 『평전』은 청계천 평화시장을 둘러싼 노동운동의 전개에 외부의 훈련된 세력이 개입하고 있었던 사실을 의도적으로 숨기고 있는 셈이다. 공교롭게도 그 외부조직이 활동한 시기는 조영래의 『평전』이 후반부에서 기술하는 전태일의 노동운동 투신 과정과 정확히 시간적으로 겹친다.

그래서 그런지 조영래의 『평전』은 후반부로 갈수록 내용이 치밀하지 못하다. 『평전』에 의거해서 사실적인 전태일의 삶을 전반부와 같이 재구성할 수 없기 때문이다. 그러나 평화시장 생활의 전반부, 즉 '시다' 생활을 시작한 1964년 봄부터 '재단사'가 되는 1967년 봄까지 3년간의 시간은 『평전』에 의거해 전태일의 삶을 거의 완벽하게 재구성할 수 있다. 그만큼 전반부의 『평전』은 명확하다.

반면에 전태일이 노동운동에 본격적으로 관심을 가지게 되는 1968

년 봄부터 분신하는 1970년 11월까지 2년 반 동안의 기간에는『평전』
에 따라 전태일의 삶을 명쾌하게 복원하기 어렵다. 평화시장에서의 해
고와 재취업이 두서없이 반복되고, 또 그 사이 사이에 공사장의 막노
동 심지어는 삼각산 기슭의 엠마누엘 수도원 신축공사 현장생활 5개
월 등이 뒤엉켜 등장하며 전태일의 생각을 두서없이 나열하고 있기 때
문이다.

그렇다면『평전』이 분명하게 설명하지 못하는 이 기간이 바로 오재
식이 언급한 외부세력과의 접촉이 진행된 시기가 아닐까? 그렇기 때문
에 조영래의『평전』은 1968년 이후의 전태일의 삶을 파편적으로밖에
기술할 수 없었다는 추론이 가능하다. 다시 말해, 후반부의『평전』내
용은 전태일의 활동을 입체적으로 그리고 연속적으로 접근하기 어렵
도록 상황 설정을 시공간적인 맥락에서 의도적으로 분절시키고 있다.

한편 조영래의『평전』은 전태일 주변의 등장인물에 관한 서술에서
도 조악한 모습을 보인다. 예컨대 가명인 김개남의 첫 등장을『평전』은
다음과 같이 기술하고 있다. "1968년 봄 평화시장 재단사인 김개남은
전태일을 알게 되었다"(145쪽).『평전』의 주인공은 당연히 전태일이다.
그렇다면 이 부분의 기술은 당연히 "전태일은 김개남을 알게 되었다"
로 표현해야 한다. 주어와 목적어의 순서를 뒤바꾼 이유는 무엇일까?
외부세력의 의도적 접근과 관찰을 무심코 드러낸 표현이 아닐까? 그렇
다면 가명으로 등장하는 김개남이야말로 오재식이 증언하고 있는 현
장조직에 침투한 활동가일 가능성이 높다.

『평전』이 제시하는 바보회의 활동 지침을 결정하는 과정도 석연치 않기는 매한가지다(160-162쪽). 그 중 한 가지인 '모범업체'를 설립하는 구상이 얼마나 비현실적이었는지를 우리는 앞의 논의에서 확인할 수 있었다. 그런데 같은 지침 가운데 또 다른 하나인 근로자들의 '노동 실태 조사'에 관한 발상은 당시로선 정말이지 매우 선진적이고 기발한 아이디어임에 틀림없다. 오늘날에는 흔히 사용되고 있지만, 당시에는 매우 획기적인 방식인 설문조사를 통해 실태조사를 했기 때문이다.

근로기준법의 조문조차 이해하지 못해 "대학생 친구 하나만 있으면 원이 없겠다"던 전태일과 그의 동료들이 그렇다면 어떻게 '설문조사'라는 참신하고도 과학적인 아이디어를 낼 수 있었을까? 오재식과 같은 인물로부터 교육받아 노동운동의 이론과 실제를 이미 알고 있는 활동가의 영향 없이 과연 전태일 스스로 생각하고 판단해서 '설문조사'라는 방식을 선택할 수 있었을까? 대학생 운동세력의 접근을 의심하지 않을 수 없는 대목이다.

우여곡절 끝에 전태일은 마침내 1970년 9월 죽음도 마다 않겠다는 결심과 함께 평화시장으로 돌아온다. 그리고 월급 23,000원을 받는 재단사로 '왕성사'에 취업한다(245쪽 및 256쪽). 다른 한편 그는 김개남과 연락하며 '바보회'를 계승할 '삼동회'를 조직하고, 평화시장 노동자 126명에 대한 설문조사를 실시하여 같은 해 10월 6일 노동청장에게 "평화시장 피복제품상 종업원 근로개선 진정서"를 제출한다. 다음날 10월 7일 신문은 그 진정서의 내용을 대서특필 하여 전태일은 크게 고

무된다.

그러나 언론보도 이후 말로만 이루어지는 형식적인 관심과 지원, 나아가서 그 배후에서 실질적으로는 노동운동에 대한 탄압을 겪으며 전태일은 시위와 저항의 악순환을 반복하면서 좌절한다. 전태일은 결국 1970년 11월 13일 만 22세의 나이에 "근로기준법을 준수하라" "우리는 기계가 아니다! 일요일은 쉬게 하라!" "노동자들을 혹사하지 말라"는 구호와 함께 시위가 예정된 광장으로 석유를 뿌리고 뛰쳐나오며 분신자살한다.

이 마지막 결정적 순간에 관해서도『평전』은 불분명한 대목을 남긴다. 석유를 뒤집어 쓴 전태일에게 불을 붙인 인물이 누구인지를 밝히고 있지 않기 때문이다. 스스로인가? 다른 동료 운동가인가? 동료라면 누구인가?『평전』은 "내 죽음을 헛되이 하지 말라"는 확인할 수 없는 전태일의 마지막 유언을 강조하며 끝을 맺는다. 2009년 신판으로 출판된『전태일 평전』의 기록이다.

그러나 1983년 초판『전태일 평전』은 이 부분의 내용이 전혀 다르다('부록 1'및 '부록 2'참조). 1983년 초판은 이 대목에서 김개남이 성냥불을 붙인 사실을 명확히 기술하고 있다. 그러므로 전태일은 김개남의 도움을 받아 분신하였다. 그렇다면 김개남은 누구인가?『평전』이 말하듯이 이 이름은 가명이다. 그리고 앞에서 추론하였듯이 김개남이야말로 학생운동 출신으로 노동운동 현장에 투신한 활동가 조직원일 가능성이 높다.

이러한 추론을 뒷받침하는 기록은 또 있다. "학생운동권 대부에서 분쟁지역 돕기 나선 '양국주'의 탈레반 인생"이라는 조선일보 2009년 10월 31일 기사다. 조선일보 주말 판 연재물인 "WHY"는 당시 "문갑식의 하드 보일드"라는 제목을 달고 다음과 같은 인터뷰 기사를 내보냈다. 질문자는 문갑식 기자이고 응답자는 양국주다.

■ 목사에서 운동권 투사(鬪士)로

1949년 전북 정읍에서 태어난 양국주의 삶에 딱 어울리는 영어 표현이 있다. '은(銀)수저를 입에 물고….' 그의 아버지 양재열은 부호(富豪)였다. 그는 한국칼라인쇄와 주사기 관련 업체를 경영하고 있었다. 한국칼라인쇄는 대한민국 달력 전부를 인쇄한다는 말을 들을 정도였다. 정읍서국민학교 4학년을 마치고 서울 혜화국민학교로 전학온 양국주의 집은 돈암장 터였다. 넓은 집만큼 돈이 많았고 각계에 걸친 인맥도 두터웠다. 그보다 더 굳건한 건 예수를 향한 믿음이었다. 양재열은 정읍과 서울 잠실에 대형 교회 2개를 지어 봉헌(奉獻)했다. 경신중고를 마치고 숭실대 3학년 진급을 앞둘 때 양국주는 아버지처럼 되고 싶어했다. 꿈이 목사였다.

— 그 꿈이 왜 바뀐 겁니까.

"제가 연세대 철학과 2학년으로 편입했습니다. 그곳에서 기독학생회(SCA)라는 서클에 들어가면서 삶이 바뀌었지요. **연대 SCA 회장에**

이어 한국기독학생연맹 의장이 되면서 자연스럽게 운동권이 된 겁니다."

― 박정희 정권에 반대했나요.

"처음 한 일은 71년 대선(大選) 때 야당후보였던 김대중의 개표 참관 감시활동을 했습니다. 전국에서 운동권 학생들이 참관단을 결성했는데 저는 200명을 열차에 태워 충북 제천, 단양으로 갔습니다. 물론 경찰 제지로 기차에서 내려보지도 못했지만요."

― 그리고요.

"이후 교련(敎鍊) 반대 투쟁이 이어졌고 위수령(衛戍令)이 발동되면서 구속됐지요. 두 달간 교도소에 있다 전방 21사단으로 강제 징집됐습니다."

― 운동권들을 왜 전방으로 보냈을까요. 혹시 휴전선을 넘어갈 수도 있을 텐데.

"당시 운동권은 지금 같은 종북반미(從北反美)가 아니었어요. 교련 반대 했으니 고생 좀 해보라는 것이었겠죠. 정보가 샐 수 있는 행정병 같은 보직은 안 줬어요. 심지연(沈之淵 · 경남대 교수), 고(故) 최재현 서강대 사회과학대학장이 같은 부대에 있었습니다."

― 당시 운동권은 어땠습니까.

"소올 알린스키의 '지역사회이론'을 혹시 압니까? 그는 마틴 루서 킹 목사의 최측근입니다. 지역사회이론의 요체는 '잠자는 민중을 깨워 리더를 양성시킨 뒤 그들 스스로 문제를 해결하도록 한다'는 내용입니다. 예를 들면 전태일 같은 인물이 그렇지요."

― 그를 압니까?

"분신(焚身)할 때 곁에 있었으니까요. 전태일은 지금 미국 샌디에이고에 있는 이승종 목사가 교육시켰지요."

— 고 조영래 변호사가『전태일 평전』을 썼지요.

"전태일은 과격하고 다혈질이었어요. 나중에 노동열사(烈士)가 됐지요. 박종철이나 이한열이 민주열사가 된 것처럼. 그건 시대의 아픔이 후일 하나의 상징으로 변할 수 있음을 보여줍니다. 조영래 씨는 제형(양창삼 전 한양대 대학원장)의 친굽니다. 나중엔 인권변호사가 됐지만 대학시절엔 정치색이 강했어요. 경남 함양에 국회의원으로 출마하겠다며 열심히 작업했지요."

— 그때 많은 인맥을 맺었다는 이야기를 들었습니다.

"최열, 서경석, 박원순, 마광수…. 지금 부부가 된 이종호와 신필균은 그때 서울상대와 이화여대 기독학생회 간부였고요. 헤아릴 수 없이 많아요. 얘기 나온 김에 당시 운동권 사정 좀 알려드릴까? 당시 학생운동은 네트워킹이 약했어요. 정부에서 월남에 맹호(猛虎)부대를 파견했잖아요. 당시 전국 대학의 학생회장 100여 명을 수송선에 태워 월남에 위문 보냈어요. 정부는 애국심을 고취시키려 한 건데 오히려 운동권의 결속력을 다지는 자리가 됐습니다."

22살에 분신한 전태일의 삶을 그린 조영래의『평전』은 엄청나게 중요한 부분을 가리고 있다. 왜냐하면 외부세력이 "접근한 현장의 하나가 전태일의 분신사건"이라는 오재식의 공개적 증언이『평전』어디에도 등장하지 않기 때문이다. 또한 양국주의 증언 "분신할 때 곁에 있었고, 전태일은 지금 미국 샌디에고에 있는 이승종 목사가 교육시켰다"

는 내용도『평전』에는 전혀 드러나지 않는다.

김개남의 정체는 과연 무엇인가? 과연 그는 전태일을 상대로 무슨 일을 하였는가? 1990년대 초 '유서대필' 사건을 시작으로 유행처럼 번지던 운동권 대학생들의 자살을 보고 "죽음의 굿판을 걷어치우라"고 일갈했던 시인 김지하, 그리고 "죽음을 선동하는 어둠의 세력"이 존재하고 있음을 고발한 당시 서강대 총장 박홍 신부의 발언을 연상하지 않을 수 없다.

이 쟁점은 앞으로 보다 심층적인 분석과 조명이 필요한 부분이다. 특히 인터넷을 통해 접근한 자료인 '부록 3'이 단서가 될 수 있다. 미국 교포 잡지 "Korea Monitor"의 필진 가운데 한 사람인 이선명이 스스로의 경력에 "1970년 전태일 열사 분신사건 당시 전태일 씨의 일기를 단독 입수"라고 쓰고 있기 때문이다.

어찌됐든 지금까지의 분석으로 이 대목에서 분명히 내릴 수 있는 결론은 다음과 같다. 다름 아닌 전태일의 "대학생 친구가 하나 있었으면 원이 없겠다"는『평전』의 설명은 100% 거짓말이라는 사실이다. '설문조사' 방식의 노동자 실태조사도 같은 결론으로 이끈다. 또한 다른 무엇보다 이 의구심은 평전이 보여주는 분신 장면에 대한 기술이 1983년 초판에서 분명히 등장했던 김개남이 2009년 신판에서 사라진 사실로도 뒷받침된다.

4. 전태일의 선택: 다른 동시대인의 선택은?

전태일의 삶에 나타난 선택을 동시대를 살아간 다른 사람들의 선택과 비교하는 작업은 전태일의 삶은 물론 그의 죽음이 갖는 의미를 또 다른 각도에서 상대적으로 평가할 수 있는 근거를 제공한다. 그러나이 작업을 설득력 있게 수행하기 위해서는 비교하는 사례의 선정이 엄격한 조건을 만족시켜야 한다. 전태일이 처했던 환경과 엇비슷한 환경을 헤쳐 나온 인물이어야 하기 때문이다. 물론 엇비슷한 연령대이면더욱 좋다. 그래야 거시적인 한국사회의 구조를 꼭 같이 견디며 살아간 경험을 공유하기 때문이다.

이를 위해 여기서는 '노동부'와 '한국산업인력공단'이 공동으로 매년 펴내는 '기능 한국인 수기집'에 등장하는 인물을 분석대상으로 삼았다. 이 책은 2007년부터 2015년 현재까지 매 해에 달마다 1명씩 선정된 12명의 기능한국인의 삶에 관한 자전적 수기를 담아 매년 한 권씩 출판되고 있다. 2016년 현재까지 총 9권이 발행되었으며,[10] 각 권당 12명의 삶의 발자취를 담고 있다. 그러므로 지금까지 출판된 책에는 도합 108명의 삶의 기록이 생생하게 담겨 있다.

---

10) 연도 별로 발행된 책의 제목은 다음과 같다. 『어머니의 냉수 한 그릇』(2007), 『하얀 고무신』(2008), 『야생화』(2009), 『바위에 박힌 화살』(2010), 『열정의 온도를 높여라』(2011), 『인생을 바꾸는 기술』(2012), 『세상을 만들다』(2013), 『기술, 능력 중심 사회로 가는 길』(2014), 『기술로 세상을 바꾸다』(2015).

이 책에는 전태일 못지않게 어려운 환경에서 기술을 익혀 오늘날 자신의 분야에서 각자 명장(마에스트로)의 경지에 오른 사람들에 관한 이야기가 서술되어 있다. 이들의 절대 다수는 1950년대 농·어촌에서 태어나 1970년대에 이루어진 중화학공업화와 더불어 어렵게 기술을 익혀 도시로 진출한 기능공들이다. 이들의 가정환경 또한 전태일의 상황과 크게 다르지 않다. 경제적 어려움 때문에 인문계 교육을 포기하고 공업고등학교나 직업훈련원 교육을 선택한 경우에서부터 심지어는 초등학교 중퇴나 졸업 정도의 교육 배경만을 가지고 산업현장에 뛰어들어 기술을 익힌 경우도 많다.

구체적인 분석을 위해 선택된 사례는 2008년 책『하얀 고무신』에 등장하는 금형(金型)전문가 '서영범'이다. 그는 1947년 생으로 앞서 설명한 108명의 인물 가운데 1948년에 태어난 전태일과 가장 나이가 가깝고 또한 자라온 환경도 비슷하다. 경기도 고랑포가 고향인 그는 1.4후퇴 때 부모님을 따라 서울로 내려왔다. 그의 나이 14살 때인 1961년 군인이던 아버지가 불의의 사고로 익사하고 나서부터 그는 어머니와 자신을 포함한 5남매를 돌보는 소년가장이 되지 않을 수 없었다.

아버지가 돌아가신 해인 14살에 학업을 포기한 그는 곧바로 '신성금고'라는 금고 만드는 회사에 허드렛일을 하는, 즉 평화시장에서 16살 전태일이 하던 '시다'와 엇비슷한 조건으로 취업전선에 들어선다. 전태일보다 두 살이나 어린 나이에 그는 돈을 아끼기 위해 배를 굶으며 대흥동 집에서 회사가 있는 오장동까지 걸어서 출퇴근했다. 또한 그는 기술을 가르쳐 주지 않는 선임들을 원망하며, 일과 후 쓰레기통을 뒤지면서 도면 읽는 공부를 하고 선반을 돌리는 기술을 익혔다.

그렇게 각고의 노력을 기울인 결과 3년 후 나이 17살이 되던 1964년 그는 '오리엔탈'이라는 신수동에 위치한 릴낚싯대를 만드는 회사에 '선반기사'로 당당히 입사한다.[11] 전태일이 '시다'에서 '재단사'가 되는 3년의 세월과 꼭 같은 기간에 그는 마침내 '선반기사' 대우를 받으며 스카웃되어 직장을 옮길 수 있었다. 그러나 이 회사는 불행히도 자금압박을 견디지 못하고 그가 입사한 지 2년 만인 1966년에 파산하고 만다.

그러나 기술을 가진 19살 서영범은 별 어려움 없이 용강동에 있던 또 다른 회사인 '대광다이캐스팅'으로 즉시 직장을 옮길 수 있었다. 전태일과 마찬가지로 그도 주변으로부터 성실성을 인정받았고 또한 이번에는 '금형기사' 자격도 갖추었기 때문이다. 그는 이때 처음으로 월급다운 월급을 받았다고 기억한다. 전태일이 재단사가 되어 상당한 수준의 봉급을 받기 시작한 바로 그 나이와 같은 19살 때다.

2년 후 1968년, 즉 나이가 21살이 되면서 그는 육군에 징집되었다. 전태일이 어린 여공을 위해 분신자살한 22살의 나이에 그는 대한민국

---

11) 텍스트에는 1961년 입사한 '신성금고' 회사에서 6년을 버텼다고 기술하고 있지만(하얀고무신, 114쪽), 이는 분명한 오기로 보인다. 왜냐하면 이어진 텍스트에서 그는 두 번째 직장인 '오리엔탈'에 2년을 근무했고, 마침내 세 번째 직장인 '대광다이캐스팅'에 처음 출근한 날이 1966년 5월이라고 분명히 밝히고 있기 때문이다(하얀고무신, 116쪽).

을 위해 최전방 비무장지대에서 국방의 의무를 다하고 있었다. 3년을 군에서 근무한 1971년 그는 24살이 되면서 만기 제대하고 다시 '대광 다이캐스팅'으로 복직했다.

2년을 더 같은 회사에 재직하던 그는 1973년, 그러니까 26살의 나이에 당시 최고로 잘 나가던 '기아자동차 소하리 공장'으로 당당히 전직한다. 그리고 이듬해 그는 기아자동차에 근무하며 "나에게 특별히 선반기술을 가르쳐 준 사람은 없었지만 지난 세월 동안 순전히 현장에서 갈고 닦은 기술 하나만으로" 선반기능사 국가자격증을 취득한다.

1976년, 그러니까 나이 29세에 그는 마침내 월급쟁이 생활을 정리하고 독립하기 위해 기아자동차에 사표를 낸다. 퇴직과 동시에 그는 그 동안 동생들 학비와 집안의 생활비를 대면서도 근근이 모은 돈으로 선반기계를 한 대 장만하고, 마포에 있는 친구 회사의 작업장에 더부살이로 일을 시작한다. 그로부터 6년 동안, 그러니까 35살이 되는 1982년 '용선정밀'이라는 회사를 창업할 때까지 그는 자신의 기계를 밤새워 돌리며 힘들지만 열심히 일했다. 그 과정에서 그의 나이 32살 1979년엔 결혼도 했다. 용선정밀은 그가 얻은 아들의 이름을 딴 회사였다.

창업한 1982년으로부터 26년이 지난 2008년 61살의 나이에 그는 마침내 '기능한국인'으로 선발되어 대한민국 최고의 경쟁력을 가진 금형업계의 선두주자 대한민국 명장으로 우뚝 섰다. 아들의 이름을 걸고 시작한 창업의 각오 덕분에 그는 금형부문에서 온갖 종류의 특허를 낼 수 있었다. 2008년 현재 그의 회사는 문래동에 제1공장 및 김포에 제2공장을 두고 모두 12명의 종업원을 고용하며 연간 매출액 20억 원을 자랑하고 있다.

그는 또한 회사일 외에도 불우이웃 돕기 등 각종 사회활동에도 적극적인 모습이다. 소외된 이웃들과의 나눔을 통해 많은 것을 배우고 있다고 그는 수기에서 수줍게 고백하고 있다. 22살의 나이로 어린 여공들의 근로조건을 개선하기 위해 생을 마감한 전태일의 삶 혹은 죽음과 비교하여 과연 금형전문가 서영범의 삶은 의미가 없는 삶인지를 거꾸로 묻지 않을 수 없다.

이러한 평가는 비단 이 글에서 전태일과 비교하는 작업의 구체적 사례로 삼은 서영범의 경우에만 해당되는 일이 아니다. 수기 집에 등장하는 108명 모두에게 해당되는 일이다. 또한 나아가서 이들 108명으로 대표되는 60년대와 70년대 산업현장에서 땀 흘리며 가족을 돌보고 미래를 개척한 200만 기능인력 노동자 모두에게 적용할 수 있는 평가다.[12] 분야가 다르기는 하지만 18살이 되기까지 네 번의 가출을 하며 맨주먹으로 세계 굴지의 기업군을 일으켜 수많은 일자리를 창출한 정주영의 경우는 더 말할 필요도 없다.[13]

---

12) 류석춘 · 김형아, 2011, "1970년대 기능공 양성과 아산 정주영" 아산사회복지재단 편. 「아산 정주영과 한국경제 발전 모델」 집문당. pp. 99-146.

13) 정주영의 두 권의 자서전 『이 땅에 태어나서』(1998) 및 『시련은 있어도 실패는 없다』(1991) 참조.

스스로 목숨을 끊는 선택이 안타깝기는 하지만 우리가 보고 배워야 할, 그리하여 후대의 본보기가 되어야 할 선택은 절대 아니다. 스스로 목숨을 버리는 행동은 그 자체만으로도 인류을 저버리는 비도덕적 행동이다. 오히려 역경을 뚫고 살아남아 자신은 물론 가족과 공동체 그리고 나라를 위해 무언가를 성취한 이들이야말로 우리가 귀감으로 삼아야 할 본보기이다. 이들의 삶이 더욱 빛나고 아름답다. 죽음을 선택하는 것은 오히려 비겁하고 손쉬운 선택일 뿐이다.

5. 전태일은 아름답지 않다

조영래의『전태일 평전』은 젊은이들에게 우리나라 노동자들이 '착취'당하고 있으며 그들을 위해서는 노동운동을 적극적으로 전개해야 한다고 도덕적으로 호소하고 있다. 그러나『평전』의 내용을 차근차근 따져보면 사실은 전혀 그럴 필요가 없음을 알 수 있다. 왜냐하면 전태일은 '착취'당하지 않았기 때문이다.『평전』은 전태일의 임금이 3년 동안 10배, 그리고 6년 동안 15배로 상승하였음을 기록하고 있다.

또한『평전』은 전태일에게 접근했던 대학출신 노동운동 활동가들의 존재를 전혀 언급하지 않고 있다. 오히려 "대학생 친구가 하나 있었으면 원이 없겠다"는 거짓 문구로 젊은이들의 감성을 선동할 뿐이다. 알린스키의 운동노선을 따라 "외부세력이 접근한 현장의 하나가 전태일 분신사건"이라는 증언이나, "분신할 때 곁에 있었다" 그리고 "전태일은 지금 미국 산디에고에 있는 이승종 목사가 교육시켰다"는 증언은 『평전』 어디에도 등장하지 않는다. 그러므로 조영래의 『평전』은 있는 그대로의 전태일이 아니라 선동을 위해 사실을 왜곡한 전태일에 관한 글일 뿐이다.

마지막으로, 당시를 살았던 다른 사람들의 선택과 비교해 볼 때 전태일이 선택한 삶 혹은 죽음이 도덕적으로 바람직하고 나아가서 아름다운 것이었다고 말할 수 없다. 왜냐하면 너무도 많은 사람들이 전태일과 엇비슷한 조건에서 출발하여 온갖 어려움을 헤치고 오늘날 자수성가하여 국가와 사회에 기여하며 자신의 역할을 다하고 있기 때문이다. 전태일의 극단적인 선택은 불가피하지 않았으며, 따라서 아름답지도 않다. 다만 불행했을 뿐이다.

부록 1: 1983년 초판『전태일 평전』의 분신 기록(pp. 227-228)

"근로기준법을 준수하라!"
"우리는 기계가 아니다! 일요일은 쉬게 하라!"
"노동자들을 혹사하지 말라!"

228

"근로기준법을 준수하라!"
"우리는 기계가 아니다! 일요일은 쉬게 하라!"
"노동자들을 혹사하지 말라!"
그는 몇 마디의 구호를 짐승의 소리처럼 외치다가 그 자리에 쓰러 졌다. 입으로 화염이 확확 들이 찼던 것인지, 나중 말은 똑똑히 알아 들을 수 없는 비명소리로 변하였다.

때마침 그 자리에 있었던 한 회원이 근로기준법 책을 전태일의 불 길 속에 집어 던졌다. 이렇게 하여 근로기준법의 화형식은 이루어졌 던 것이다.

쓰러진 전태일의 몸 위로 불길은 약 3분 가량 타고 있었는데, 너무 나 뜻밖의 일이라 당황하여 아무도 불을 끌 엄두를 못내었다. 그러다 가 한 친구가 뛰어와서 무어라고 소리를 지르며 잠바를 벗어서 불길 을 덮었다. 불은 꺼졌다.

하였다. 친구들은 다소 의아하게 생각하였지만 그의 말에 따라 그를 혼자 남겨 두고 국민은행 앞 길로 내려갔다. 그들이 그 곳에 도착하였을 때, 웅성거리던 5백여명의 노동자들은 경비원들과 경찰들의 몽둥이 앞에 밀리며 이리저리로 왔다갔다 하고 있었다. 사전에 연락을 해두었건만 신문기자들은 아직 나타나지 않았다. 먼저 내려온 회원들은 전태일이 내려오기를 기다리며 담뱃가게 옆에 서 있었다.

약 10분 후에 전태일이 내려 왔다. 그는 아무 말 없이 김개남의 옷 소매를 끌어당기며 눈짓을 하여 그를 사람이 좀 덜 다니는 옆 골목으로 끌고 갔다.

"아무래도 누가 한 사람 죽어야 될 모양이다.",

그는 이렇게 말하며 김개남에게 성냥불을 켜서 자신의 몸에 갖다 대어 달라고 부탁했다.

그 전날 저녁에 김개남은 전태일이 내일 "누구 한 사람 죽는 것처럼 쇼를 한 판 벌려서 저놈들 정신을 번쩍 들게 하자"고 하는 말을 들은 일이 있었다. 성냥불을 켜서 갖다 대어 달라는 전태일의 부탁이 십자하였기 때문에 불길한 예감이 머뭇 머리를 스치고 지나가긴 했으나, "설마……" 하는 생각에 그는 성냥불을 켜서 전태일의 옷에 갖다 대었다.

순간 전태일의 옷 위로 불길이 확 치솟았다. 친구들 보고 먼저 내려 가라고 한 뒤, 그는 미리 준비해 두었던 한되(一升) 가량의 석유를 온몸에 끼얹고 내려왔던 것이다.

불길은 순식간에 전태일의 전신을 휩쌌다. 불타는 몸으로 그는 사람들이 아직 많이 서성거리고 있는 국민은행 앞 길로 뛰어 나갔다.

부록 2: 2009년 신판『전태일 평전』의 분신 기록(pp. 300-301)

친구들은 다소 의아하게 생각하였지만 그의 말에 따라 그를 혼자 남겨두고 국민은행 앞길로 내려갔다. 그들이 그곳에 도착하였을 때 웅성거리던 500여 명의 노동자들은 경비원들과 경찰의 몽둥이 앞에 밀리며 이리저리로 왔다갔다하고 있었다. 사전에 연락을 해두었건만 신문기자들은 아직 나타나지 않았다. 먼저 내려온 회원들은 전태일이 내려오기를 기다리며 담뱃가게 옆에 서 있었다.

약 10분 후에 전태일이 근로기준법 책을 가슴에 품고 내려왔다.

전태일이 몇 발자국을 내딛었을까? 갑자기 전태일의 옷 위로 불길이 확 치솟았다. 불길은 순식간에 전태일의 전신을 휩쌌다. 불타는 몸으로 그는 사람들이 아직 많이 서성거리고 있는 국민은행 앞길로 뛰어나갔다.

부록 3: 미국 교포 잡지 '코리아 모니터'(Korea Monitor)의
필진 이선명 소개

(http://koreamonitorusa.com/?page_id=12 2016년 11월 7일 검색)

사실과 허구가 뒤섞인 '팩션',
『전태일 평전』

한정석 / 미래한국 편집위원

류석춘 교수께서 조영래의 『전태일 평전』을 당대 사회적, 경제적 맥락에 비추어 검토한 것은 매우 적절하다고 하겠다. 그 결과, 전태일은 청계 피복노동자들이 저임금에 착취되고 있는 것에 분노하여 분신한 것이 아니라, 외부세력의 조직적인 세뇌 학습과 노동주의 계급론 이데올로기 주입이 만든 '잘못된 세계관'에 의해 희생되었을 가능성이 드러났다. 이러한 점은 일찍이 김지하 시인이 조선일보에 쓴 칼럼, '죽음의 굿판을 걷어 치워라'에서 암시되어 있었다. 앞으로 더 많은 연구가 이루어질 것으로 생각되며 또 그렇게 되어야 한다.

필자는 이를 조금 다른 각도에서 이해해 보고자 한다. 그것은 70년대 의류·피복산업이 전개되던 양상과 전태일의 인식 간에 '인지 부조화'가 있었다는 점이며, 그렇기에 전태일의 분신자살이 이데올로기 학습과 주입에 의한 충동적 행동이었거나 또는 스스로 의도하지 않은 것일 수 있다는 점이 이해될 수 있기 때문이다.

　오스트리아 자유주의 경제학자 미제스는 〈인간행동론〉에서 인간이 행동하는 이유를 '현실에 대한 개선 욕구'로 파악했다. 즉 인간은 현실에서 무언가 만족하지 않기에 행동하며, 만일 현실에 만족하거나 개선의 의지를 포기하게 되면 행동하지 않게 된다는 것이다. 따라서 우리는 70년대에 왜 그렇게 많은 시골의 청소년들이 저임금과 착취의 대상이었다고 주장되는 공장 근로자가 되기 위해 도시로 몰려 들었던가 하는 의문을 가져 봐야 한다.

　미제스의 인간행동론의 전제가 옳다면, 그들은 시골에서의 삶보다 도시에서 노동자로 사는 것이 자신의 현실을 개선하는 데 더 도움이 되었기 때문이라고 볼 수 있으며, 만일 도시에서 노동자로 사는 삶이 자신의 처지를 개선시키지 못한다고 생각되었다면 왜 그들 대부분은 다시 시골로 돌아가지 않았는지 생각해 봐야 한다. 동시에 그들이 어떻게 중산층으로 성장할 수 있었는지 의문을 가져 보아야 한다.

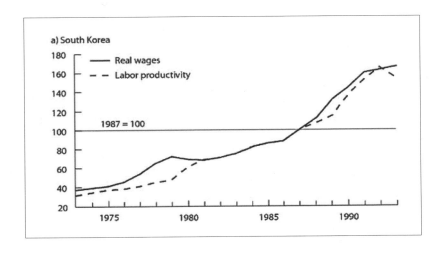

1972년부터 1992년까지 '2차산업'에서 한국의 노동자 실질임금(세계은행)

위 그래프의 70년대 상황을 보면, 근로자들의 평균 실질임금은 노동생산성보다 높은 위치에 있었다. 실질임금이 노동생산성보다 높았다는 사실은 당시 근로자들은 물가로 평가했을 때 충분한 임금을 받고 있었다는 점을 말한다. 이러한 사실은 류석춘 교수가 이미 『전태일 평전』에서 전태일이 일기장에 남긴 자신의 임금 변화 추이를 면밀하고 충분하게 검토한 내용과 일치한다. 전태일은 결코 자신의 임금이 낮았던 것에 불만을 가진 것이 아니었다.

위의 그래프에서 확인할 수 있는 것처럼 동아시아에서 70년대 이후 빈곤율은 급격하게 하락하기 시작했다. 동아시아의 70년대에 중국은 사회주의 국가였으므로 이 지역에서 빈곤율의 급격한 하락은 한국, 일본, 타이완의 경우가 된다. 다만 70년대에 일본은 이미 고도성장기에 접어들었기 때문이 이 빈곤율 감소의 주인공은 한국과 대만의 것이라 할 수 있다. 70년대 산업을 주도했던 경공업, 특히 섬유·피복산업에서 노동착취나 저임금의 체계가 고착되었다는 주장이 사실이 아님을 말해주는 또 다른 근거라 할 수 있다.

전태일 역시, 저임금을 비난했던 것이 아니라, 미싱 시다로 일하는 어린 여공들의 비참한 노동환경을 내세우며 분신했다. 이 부분에서 전

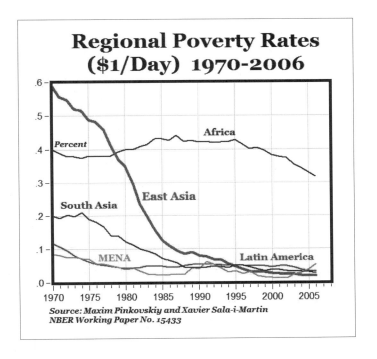

태일이 인지부조화를 보이고 있다는 점을 지적하지 않을 수 없다. 왜
냐하면 당시 시골에서 상경한 어린 여공들은 자신이 재봉일을 배운다
는 것에 상당한 자부심을 느끼고 있었기 때문이다. 이 부분에 대해 토
론자는 주목하고자 한다.

어느 나라, 어느 시대든지 가난을 탈출하는 모습은 외견상
비참함을 동반한다.

오히려 가난 그 자체를 운명으로 받아들인다면 외견상 드러나는 사

람들의 생활은 평화롭고 한가롭다. 우리는 부탄이나 티벳의 국민들이 평화롭게 살고 있음을 보지만, 사실 그들은 가난을 받아들이고 극복할 의지가 없기에 그렇다. 만일 부탄이나 티벳 국민들이 어느날 '우리도 가난에서 탈출해 잘 살아보자'고 결심한다면 그 과정은 과거의 평화롭고 한가한 모습이 아니라 생지옥을 방불케 하고도 남을 것이다. 상상이 되지 않는다면 가난한 시골과 부유한 도시의 아침을 비교해 보자. 같은 아침 시간대에 가난한 시골의 버스는 한적하다. 하지만 도시의 버스는 지옥이다. 그 이유는 도시에 사는 이들이 직장을 갖고 있고 소득이 있기에 출근을 하려 하기 때문이다. 콩나물 지옥철과 만원 버스에 타려고 발버둥치는 사람들의 표정이나 차량 안에서 터져 나오는 비명 때문에 '이들은 불행하다'고 평가하다면 맞는 것일까. 만일 이들에게 도시의 삶이 고통스러우니 시골로 돌아가서 살라고 하면 맞는 소리일까.

한국의 70년대가 그랬다. 14살 안팎의 시골 청소년들이 서울을 비롯해 부산과 같은 대도시로 쏟아져 들어왔다. 대개 학력은 국졸이었고 중졸이면 다행, 고졸은 고학력이었다. 14살 소녀들은 공장에 취업해 시다로서 재봉일을 배우면 그 자부심이 대단했다. 오늘날 잘나가는 IT 기업에 취업하는 정도의 자부심들이었다. 실제로 70년대 의류·피복 산업은 폭발적인 수요를 만나 내수를 주도하고 있었다. 기계 장치 산업과 같은 분야에는 고도의 자본축적이 필요했지만, 섬유·의복과 같은 경공업 산업은 재봉틀 몇 대만 있어도 일감을 받아 사업이 가능했기에 소자본 자영업자들의 무대였다. 그러한 상황은 정보통신산업 발흥기에 컴퓨터만 있으면 누구나 IT 사업에 뛰어 들 수 있는 것과 같았다. IT산업의 발흥기에 소규모 벤처를 경영하던 이들이 다름 아닌 IT기술 엔지니어들이었던 것처럼, 의류·피복 산업 성업기에 자영업 소상공인들은 바로 시다에서 재봉사로, 그리고 재단사로 숙련공이 되면서 자본을 축적한 이들이었다. 그런 이들이 청계 피복시장을 중심으로 몰려 있었다. 전태일은 그런 환경에서 잘나가던 재봉사 숙련공이었으며, 그는 자신의 임금에 불만이 있었던 것은 아니었다. 이 점에 대해서는 이미 류석춘 교수가 발제문을 통해 자세하게 밝힌 바 있다.

문제는 한 산업에 무한한 공급자와 무한한 수요자들이 만나면 분업의 고도화가 이뤄진다는 경제의 원리다. 제품의 생산에서 분업화가 촉진될수록 더 효율성이 높아지기 때문이다. 그런 분업화 과정에서 미숙련공들은 단순한 작업을 하게 되고 따라서 임금도 처음에는 낮을 수밖에 없다. 청계 피복시장에 몰려 있는 소규모 자영업자들에 고용된 미싱시다의 경우, 식사와 주거는 고용자에 의해 해결되는 대신, 교통비 정도의 임금을 받는 것이 관례였다. 이 부분을 많이 오해해서 당시 청계 피복 근로자들 가운데 시다의 월급이 현재 시세로 10만원이니 5만원이니 하는 분석은 당시의 관습적 현실을 이해하지 못한 결과다. 시다들은 그렇게 일을 배우면서 재봉사로 또 재단사로 올라가게 되고, 그러한 가운데 임금도 급격하게 올라갔다. 이는 의류·피복 자영업자들에게도 숙련공이 그만큼 필요했고 경쟁이 치열했기 때문이었다. 이 점은 다시 한 번 강조하지만 류석춘 교수가 『전태일 평전』에 나오는 전태일의 임금 변동 부분에서 이미 자세히 설명한 바 있다.

만일 의류·피복 근로자들이 착취를 당하고 있는 상태라면 이 산업 분야에서 그렇게 많은 근로자 출신들이 영세하나마 자영업자가 되었을 수가 없다. 재봉사, 재단사가 되면 임금을 저축해 자본으로 전환시켜 재봉틀을 여러 대 사서 사장님이 될 수 있는 조건이 가능했다는 이야기이고, 그러한 상황은 위의 그래프에서 70년대 근로자들의 실질임금이 노동생산성을 초과하고 있었다는 점이 뒷받침한다. 즉 누구나 열심히 일하면 돈을 모을 수 있는 시기였다고 할 수 있다. 따라서 이런 시기에 근로자들은 강한 저축의욕을 갖게 되고, 저축이란 소비를 줄이는 것이기에 그들의 삶은 안 먹고, 안 쓰게 된다. 오늘 우리의 소비나 지출 행태를 70년대 근로자들과 일치시키면 그것은 오류다. 따라서 오늘 소비가 미덕인 우리의 시각으로 이들 70년대 근로자들을 본다면 그 생활이 곤궁하거나 비참하게 여겨지는 것은 당연하다. 하지만 이들은 미제스가 말한대로 '더 나은 현실'과 '더 나은 미래'를 위해 행동하고 있었다고 해야 한다. 그것은 '열심히 일하고 저축하면 나와 가족들도 잘 살 수 있다'는 희망이 있었기 때문이다.

그렇다면 왜 전태일은 어린 소녀들이 시다로서 일하는 그런 상황을 가엾고 비참하게 여겼다는 것일까. 이 점에서 전태일이 일기에 남긴 글들이 사실이라면 전태일은 현실과 자기 세계관 사이에 인지 부조화가 일어났으며, 그러한 인지 부조화를 주목하게 되는 것은 류석춘 교수가 지적한 바와 같이 알린스키의 운동노선을 따라 "외부세력이 접근한 현장의 하나가 전태일 분신사건"이라는 증언이나, "전태일은 지금 미국 샌디에이고에 있는 이승종 목사가 교육시켰다"는 해설 때문이다.

전태일이 처음부터 어린 시다 여공들의 삶을 사회적 모순이나 불의로 여겼던 것은 아니다.

조영래가 쓴 『전태일 평전』은 전태일이 외부세력에 의해 의식화가 된 후, 그가 자신의 세계관을 재정립하는 가운데 고백적으로 썼을 가능성이 높다. 즉, 전태일은 노동주의 이념에 따라 자신의 가치관을 재구성했고, 세계는 이제 전태일 자신이 재구축한 그 이념의 창을 통해 변형되었을 것이다. 여기에 조영래는 다시 자신의 이념과 가치관으로 전태일의 일기를 재해석하고 재구성하는 작업을 하게 된다. 그 결과 『전태일 평전』은 객관적 현실 세계와는 관계가 없는 일종의 종교서적이 되고야 말았다.

그럼에도 불구하고 『전태일 평전』이 노동운동의 마태복음처럼 그 위상이 공고해진 것은 역시 그를 세뇌시키고 의식화시켰던 세력들의 '설정' 때문이라 할 수 있다. 이러한 현상은 마치 팩트와 상상의 조합으로 텍스트화된 환단고기를 한국의 민족주의자들이 끊임없이 재생산하던 메카니즘과 유사하다. 일제 식민지 시대를 역사적 모순으로 정의해야 하는 민족주의자들에게 환단고기가 그 정당성을 부여하는 것처럼, 『전태일 평전』 역시 팩트와 상상의 조합물이지만 어떻든 신성한 노동교(勞動敎)주의자들에게는 입문서이자 복음서가 되기 때문이다.

이들이 노동주의를 종교현상의 반열에 놓게 되는 이유는 자본주의를 악(惡)으로 규정하기 때문이다. 자본주의가 선인지 악인지는 그것을 해석하는 이의 주관에 달려있다. 주관이란 객관을 범주화하는 인지의 메카니즘이며, 그렇기에 우리는 믿는대로 세상을 해석하고 또 구성하게 된다. 자본주의가 악인지 선인지, 그러한 해석이 맞는지 틀리는지는 그 범주 내의 담론이나 논증으로는 밝혀지지 않는다. 다만 우리는 지나온 역사의 모습들이, 그리고 현재의 모습들이, 그러한 담론과 논증과 모순율을 갖느냐 아니냐로 판별해 볼 수 있을 뿐이다.

대한민국뿐만 아니라 세계는 자본주의 시장경제로 가난을 탈출해 왔다.

누구도 이 점에 대해 부정하지 못한다. 다만 노벨 경제학 수상자 앵거스 디튼이 지적한 것처럼, 가난을 탈출하는 과정에서 소득의 불평등은 어쩔 수 없는 현상이다. 전태일이 70년대를 살면서 지금 우리가 느끼는 소득 불평등을 느끼고 있었다면 그것은 일반 민중적 시각이 아니라, 계급론에 의해 의식화된 세계관 때문이라고 보는 것이 합리적일 것이다.

70년대 대부분의 대한민국 국민들과 사회의 민중들은 '우리도 잘 살 수 있다'는 희망 속에서 일을 했다. 전태일이 가엾게 여긴 어린 미싱 시다 여공들 역시 고단한 삶을 살았던 것은 사실이지만, 그 고단함 때문에 현실을 부정하거나 포기한 것은 아니었다. 그녀들은 당시 유행했던 남진, 나훈아의 극렬한 팬들이었으며, 저축한 돈으로 결혼을 해서 집을 마련하고 자녀를 키우고 부모를 부양해서 오늘날 우리를 있게 한 당당한 역사의 주인공들인 것이다.

『전태일 평전』, 전태일 생애
오독(誤讀)하지 말아야

조동근/ 명지대 경제학과 교수

1. 역사의 기록자, 역사의 무임승차자

자신이 결코 앉아 쉴 수 있을 것으로 생각되지 않는 나무그늘을 만들기 위해 나무를 심는 지혜로운 노인이 많을수록 그 사회는 번영한다.[14] 그리스 격언에 나오는 말이다. 흔히들 길을 닦는 사람과 그 길을 지나가는 사람은 다르다고 한다. 누구는 보상 없는 희생을 하고, 다른 누구는 대가 없이 무임승차를 한다.

1970년 11월 13일 전태일은 평화시장 곳곳을 뛰어다니며 소리쳤다. 종이로 만든 플래카드에는 '일주일에 한 번만이라도 햇빛을!', '우리는 기계가 아니다!'가 적혀 있었다. "근로기준법을 준수하라!" "일요일은 쉬게 하라! 노동자를 혹사시키지 마라!"를 외치고 그는 화염에 휩싸였

---

14) A society grows great when old men plant trees whose shade they know they shall never sit in… Greek proverb

다. 불길은 순식간에 그의 전신을 휘감았다. 그렇게 그는 이 세상에서 사라져 갔다.[15] "내 죽음을 헛되이 하지 말라!" 그는 자신의 죽음으로 역사의 한 페이지를 연 당대의 노동운동가였다.

전태일이 산화하고 45년의 세월이 흐른 2016년 4월 현대중공업 노동조합은 임금단체협상 요구안을 회사 측에 전달했다. 내용은 다음과 같다.[16][17] △ 기본급 9만 6712원 인상 및 기본급 250% 성과급 보장 △ 전년도 정년퇴직자 수와 같은 규모의 신규직원 채용 △ 매년 조합원 100명 이상 해외연수 시행 △ 2012년 도입한 임금피크제 폐지 △ 노조에 사외이사 추천권 보장 △ 노사동수 징계위원회 구성 △ 직원 소속부서 변경 시 노사공동위원회의 심의 요구 등이다.

현대중공업은 2014년 3조 2495억원, 2015년 1조 5401억원 영업손실을 기록하는 등 최악의 경영난을 겪고 있다. 그런 와중에 노조는 2014년부터 2년 연속 파업을 벌였다. 현대중공업 노조는 '노조의 길'에서 이탈하고 있다. 현대중공업은 죽음으로 노동운동의 길을 연 전태일이 닦아 놓은 길을 유유자적 가고 있다. '무임승차자'(free rider)로서 말이다.

---

15) 전태일의 흉상은 청계천 8가에 있다.

16) http://www.hankyung.com/news/app/newsview.php?aid=2016040762651&intype=1

17) http://www.hankyung.com/news/app/newsview.php?aid=2016040762391

전태일 정신은 노동 관련 정당과 단체에서 어떤 평가를 받고 있는 가? 쉽게 검색할 수 있는 정당으로 좁혀 "정의당, 통합진보당, 민주노 동당 강령"을 대상으로 '전태일'을 검색한 바, 검색된 내용은 없었다. 어딘가에 최소한 한 구절 전태일에 대한 언급이 있을 것으로 기대했지 만 의외였다. 특기할 만한 사항은, 전태일의 여동생 '전순옥'이 19대 민 주통합당(현 더불어민주당)의 비례대표 국회의원을 지냈다는 사실이다. 나름의 기준을 충족시켰을 것으로 생각되지만, 노동운동가 '전태일'의 후광을 전혀 입지 않았다고 보기는 어려울 것이다. 그녀 역시 무임승 차자에 속한다. 인터넷 검색에서 쉽게 생각할 수 있는 "전태일 정신을 이어받고"식의 기록을 찾지 못했다는 것은 '전태일의 헌신'이 제대로 평가되지 않고 있다는 것을 반증하는 것이다. 모두들 그를 이용하기 바쁘다.

평전(評傳)은 타자(他者) 시각에서의 기록이기 때문에, '또 다른 타 자'를 불러들일 수 있다.『전태일 평전』비판적 읽기를 시도한 이유는 전태일의 일대기가 '자서전이 아닌 평전'으로 기록되었기 때문이다. 전태일이 놓였던 상황에 대한 해석은 다양해야 한다.

한국은 반세기 만에 원조를 받던 나라에서 원조를 주는 나라로 변 한 유일한 나라이다. 한국은 누대에 걸친 가난과 빈곤에서 탈출한, '앵 거스 디턴'(Angus Deaton)의『위대한 탈출』의 모델국가이다. 1962년 한 국은 최빈국이었다. 그 후 우리나라 명목달러 표시 1인당 국민소득은 1962년 대비 2014년에 311배 증가했다.

한국의 경제적 성공은 소소한 성공이 켜켜이 쌓여 임계치(critical mass)에 도달했기에 가능했던 것이다. 평화시장도 한국의 경제성장에 작지만 일조했다. 평화시장은 개인들이 어려움 속에서 굴하지 않고 치열하게 일해 성공한 '승리의 현장'이다. 그리고 '저임과 열악한 노동환경'을 견디어 낸 평화시장의 여공들은 대한민국 빈곤 탈출의 조역자였다.[18]

이 글은 청계천 평화시장을 '긍정의 눈'으로 본다. '저임'이 '착취'와 같을 수는 없다. 그리고 제도는 하루 아침에 갖춰지지 않는다. 따라서 제도의 미숙은 결국은 시간의 문제일 수 있다. 그리고 당시 평화시장에 노동조합이 만들어지지 않은 이유는 노동자의 의식부족과 업주의 견제 등의 이유도 있었지만, 봉제산업의 특성상 노동조합 결성이 용이하지 않았기 때문이다. 전태일의 분신은 노동자들의 의식을 깨우는 기폭제가 됐음을 부정할 수 없다. 하지만『전태일 평전』이 굳이 그렇게까지 과격하게 저술되었어야 하는지, 그리고 전태일의 분신으로 가장 큰 혜택을 받은 사람들이 전태일의 헌신을 제대로 평가하고 있는지는 확신하기 어렵다.『전태일 평전』비판적 읽기를 통해 당시 상황을 재해석하고 미래 노동운동의 방향을 가름해 보는 조그만 디딤돌이 되기를 기

---

18) 평화시장은 6.25전쟁 당시 남한으로 내려온 북한 피난민들이 이 지역에서 미싱 한 두 대로 옷을 만들거나 미군복을 염색·탈색해 판매하던 것이 모태가 되었다. 판자촌으로 출발한 평화시장은 6.25전쟁 이후 청계천변에 노점상들이 대거 몰려들면서 본격적인 상권이 형성되었다. 당시 상인들의 60%가량은 북에서 내려온 실향민들이었다고 한다. 그래서 더욱 억척스럽게 현실과 맞부딪친 것이다.

대해 본다.

2.『전태일 평전』: 타자에 의해 평론된 전태일 일대기

전태일(全泰壹)은 1948년 8월 26일 대구에서 태어나 1970년 11월 13일에 유명을 달리한 대한민국의 봉제노동자이자 노동운동가 그리고 인권운동가이다. 1960년대에 평화시장 봉제공장의 재봉사, 재단사로 일하며 노동자의 권리를 주장했다. 전태일은 "자기가 공장을 세워 좋은 조건으로 노동을 시키면 다른 사업주들도 따라 하지 않을까"하는 상상을 펴기도 했다. 그리고 좋은 재단사들이 모임을 만들어 근로조건 개선에 앞장서자는 제안도 했다. 이렇게 해서 만들어진 것이 '삼동회'였다.

전태일은 1968년 근로기준법의 존재를 알게 되어 1969년 7월부터 노동청을 방문, 노동자들의 열악한 작업환경 개선을 요구하였으나 번번히 거절당했다. 그는 서울특별시의 근로감독관과 노동청을 찾아가 열악하고 위험한 노동환경 개선을 요구했으나 묵살당했고, 박정희 대통령에게 보낼 서한을 작성했기도 했다. 그는 1970년 10월부터 본격적으로 근로조건 개선을 위한 시위를 주도했지만 뜻을 이루지 못했다. 그리고 1970년 11월 13일 분신했다. 그의 분신으로 평화시장에 '청계피복노동조합'이 결성되었다. 전태일의 분신은 노동계 전반에 큰 영향을 주어 본격적 노동운동의 시발점이 됐다.

　『전태일 평전』은 70년대에는 금서(禁書)였다. 정식 출판된 책이 아니라 대학노트에 깨알 같은 잔글씨로 쓴 원고 복사물이었다. 『전태일 평전』은 1982년이 저물어 갈 무렵 청계피복노조 간부 '민종덕'의 의뢰로, 그 다음해 6월 '전태일기념관 건립위원회'를 엮은이로 '돌베개'에 의해 출간되었다. 당시로서는 저자가 누군지 묻는다는 것은 금기에 속했으며 또 안다는 것 자체가 부담스러운 상황이었다. '민종덕'의 진술에 의하면, 『평전』의 저자를 밝히지 않는 이유는 조영래 변호사의 겸양 때문이었다고 한다. "자연스럽게 밝혀질 테니 굳이 밝힐 필요가 있겠느냐"는 것이다. 그러면서 조영래는 "이 책이 어쩌면 지식인 취향으로 써진 것 같은 데, 누가 노동자적인 시각과 언어로 다시 썼으면 좋겠다"고 말했다고 한다.

　"노동자적인 시각과 언어로 다시 썼으면" 좋겠다는 바람의 의미는 무엇인가. 평전은 "개인의 일생에 대해 평론을 곁들여 적은 전기"를 의미한다. 따라서 평전은 타자(他者)의 시각에서 씌여질 수밖에 없다. 『전태일 평전』은 조영래가 해석하고 기록한 전태일의 일대기이다. 노동운동가로서 감동적인 삶을 살아온 전태일과 민중의 삶을 깊이 천착한 조영래라는 지식인의 만남이 있었기에 『전태일 평전』이 이 세상에 그 모습을 드러낼 수 있었던 것이다. '전태일과 조영래'의 결합이 만들어낸 책인 것이다. 그렇기 때문에 『전태일 평전』은 조영래 시각에 경도(傾倒)됐을 개연성을 부정할 수 없다. 그렇다면 우리가 알고 있는 『전태일 평전』은 조영래의 사고를 담아낸 책일 수 있다. 조영래는 무서운 사람이다. 그는 『전태일 평전』에서 '계급투쟁'이라는 말을 직접적으로는 한마디도 하지 않았다. 독자로 하여금 사상적 거부감을 거의 느끼지 않게 하면서 그는 '계급투쟁주의 이념'의 핵심 내용들을 교묘하게 전달했다.

『전태일 평전』은 1995년에 개정판이 나왔다. 조영래 변호사의 대학 동기이기도 한 장기표는 "가장 인간적인 사람들의 가장 비범한 삶"이라는 꼭지 글을 통해 자신이 바라본 전태일을 적는다. 투사로만 인식되는 것이 억울할 정도로 그는 따듯하고 고결한 인품이 돋보이는 사람이라는 것이다. 성자(聖子)의 인품을 가졌다는 것이다. 장기표는 인간의 명석함이란 선천적으로 주어지는 것이라기보다는 인간에 대한 사랑에서 얻어지고 깨달아지는 것이라고 적고 있다. 사랑이야말로 지식과 지혜의 원천으로서 무한한 힘을 발휘할 수 있게 해준다는 것이 전태일의 삶에서 배워야 할 최대의 교훈이라는 것이다. 장기표는 "가장 인간적일 때 가장 진보적이라는 명제"를 배우게 된다고 했다.[19] 장기표 꼭지 글의 취지는 무엇일까? 전태일에 인간미를 더하는 것이다.『전태일 평전』이 격하게 씌여지고 겉으로 드러나지는 않았을 뿐 그 기저에는 '마르크스의 계급투쟁적 철학'이 면면히 흐르고 있음을 인지하고, 이를 순화시키기 위함이었을 것이다.

---

19) 장기표는 전태일의 비범한 투쟁보다 그 밑바탕에 흐르고 있는 그의 사랑과 열정과 지혜와 성실에서 더 큰 교훈을 얻어야 한다고 강조한다. 이는『전태일 평전』이 지나치게 격하게 기술되었음을 수용하는 것이기도 하다.

3. 탐하킨 법안의 함의 : 전태일이 분개한 '저임과 착취'

전태일이 분개한 것은 어린 여공에 대한 저임과 착취였다. 조영래는 『전태일 평전』에 이렇게 썼다. "평화시장의 공장들이 닭장처럼 되어 있고 어두컴컴한 곳에서 어린 여공들이 쉴 새 없이 하루하루 자신의 목숨을 갉아먹고 있다. 하루 16~18시간씩 일을 하면서도 하루 일당은 불과 커피 한 잔 값 정도에 지나지 않았다." 상대 물가가 변하지 않는다 하고 커피 한 잔 값을 넉넉히 5,000원으로 치면 한 달 월급은 15만 원 이하다. 아무리 '시다'(보조원)라 하더라도 커피 한 잔 값의 일당으로 여공을 부리기는 어려웠을 것이다. 당시 여공의 임금이 그만큼 박했음을 상징적으로 표현한 것으로 이해된다.

문제가 구조적일수록 원거리에서 접근할 필요가 있다. 미국의 탐하킨(Tom Harkin) 법안을 보자. 아동착취 중에서도 아동의 노동착취만큼 공분(公憤)을 사는 일은 없다. 이는 은밀하지도 않은 공개적인 사회범죄이기 때문이다. 1993년 방글라데시 아동들이 월마트(Wal-mart)에 납품하기 위해 만든 의류의 생산 현장이 공개된 적이 있다. 미국인의 눈높이에서 볼 때 작업환경과 급여가 좋을 리 없다. 미국 언론은 이를 아동노동 착취로 대서특필했다. 여론은 들끓었다.

미국 아이오아주 상원의원 탐하킨은 아동노동 착취를 금하는 법안을 제출했다. 미성년자가 만든 의류의 '미국 내 반입'을 금지하는 법안이었다. 명시적이지는 않았지만 암묵적으로 방글라데시를 겨냥했다. 미국의 의류 수입이 중단되자 방글라데시 공장은 문을 닫았다. 그러면 공장에서 일하던 아동은 학교와 집으로 돌아갔는가. 그들은 '길거리의 아이들'로 남았다. 길거리가 공장보다 좋을 리 없다. 그들에게 공장은 '미래의 꿈'을 키우는 곳일 수도 있다.

인권과 아동복지가 중요한 것은 당연하지만 명분만 확보한다고 가치가 저절로 실현되는 것은 아니다. 도덕적 명분 확보가 세상을 바꾸는 충분조건일 수는 없다. 탐하킨의 입법 규제는 '예기치 않은 결과의 가설'(hypothesis of unintended consequences)의 전형이 되었다.[20]

전태일을 분신에 이르게 한 것은 그의 분노였다. 평화시장의 열악한 작업환경과 기초생계비에 턱 없이 부족한 저임이 그를 분노하게 했다. 그러면 이 문제를 어떻게 해결할 것인가. 악덕 업주 형사고발과 작업장 폐쇄가 대안이 될 수 있다. 하지만 그렇게 함으로써 평화시장 여공의 마음을 당장은 달랠 수는 있겠지만 진정한 대안은 될 수 없을 것이다. 저임이지만 그래도 소득원천(所得源泉)이고 또한 미래의 꿈을 키우는 처소(處所)이기 때문이다. 청계여공의 삶이 궁핍했던 것은 누가 착취해서라기보다는 "그 이전 시대로부터 가난을 물려받았기" 때문이다.

---

20) '화려한 약속, 우울한 성과'는 프리드만(M. Friedman)의 도덕적 명분에 함몰된 규제에 대한 촌철살인(寸鐵殺人)이다.

4. '여공의 자기 역사 쓰기'에 비춰진 평화시장

1) 불쌍한 여공으로 비춰지는 게 싫어서

『열세 살 여공의 삶』[21]은 평화시장의 '이름 없는 여공'의 자기 성장 이야기다. 시골에서 올라온 열세 살의 어린 소녀는 1966년에 평화시장의 시다로 서울 생활을 시작한다. 그리고 미싱사로, 노동운동가로 변신한다. 그녀는 공부를 통해 새로운 삶의 전기를 맞는다. 가난한 시절, 초등학교를 졸업하지 못했던 그녀는 검정고시를 거쳐 대학생이 되고 끝내 대학원생이 된다. 그리고 석사논문의 형식을 빌려 자신의 이야기를 정리한다. 열세 살 소녀였던 여공은 60대가 되어 자신의 생애를 연구한 연구자가 되었다. 그리고 논문을 책으로 펴낸 것이 『열세 살 여공의 삶』이다.[22] 주인공은 1970년대 청계천 평화시장 봉제공장에서 일한 '신순애'(63)다.[23] 『열세 살 여공의 삶』은 노동운동가로 성장한 한 여성의 '자기 역사 쓰기'이다. 그 점에서 '평전'과는 대비를 이룬다. 저자는 기성학자가 연구하지 않았기에 스스로의 역사를 쓰게 되었노라고 말한다.

신씨는 1966년 13세에 시다로 처음 일을 했다. '7번 미싱사' 밑에서

---

21) 『열세 살 여공의 삶』, 신순애, 한겨레 출판, 2014.

22) http://www.suwonedu.org/suwon/issue/62453

23) http://news.khan.co.kr/kh_news/khan_art_view.html?artid=2012061521481
   85&code=940702

일을 하게 된 신씨는 '7번 시다'로 불렸다. 신씨는 2년 6개월이나 같이 일한 '7번 미싱사'의 이름조차 몰랐다. 한 달 동안 일을 하고 손에 쥔 첫 달 월급은 700원으로, 당시 쌀 한 가마니 값은 3,400원이었다. 그러다 2년 반 동안 시다로 일하고 나서 신씨는 '미싱 보조'로 승진했다. 월급이 3,000원으로 올랐다. 힘들었지만 기술을 배운다는 자부심이 있었다. 신씨뿐만 아니라 당시 여성 노동자들은 '열심히 일하면 가난한 가정에 보탬이 된다'는 생각에 하루 16시간의 중노동을 견뎌냈다.

신씨는 5년 만인 18세(1971년)에 미싱 기술자가 됐다. 일하는 만큼 돈을 벌었고 때로 조카들과 아버지에게 용돈을 주기도 했다. 열심히 모은 돈으로 셋째 오빠의 결혼자금도 댔다. 몇 년만 미싱 기술자로 일하면 집안 형편이 필 거라는 희망도 있었지만 생활은 나아지지 않았다.

1975년 3월쯤의 일이다. 유인물 한 장이 신씨의 인생을 바꿨다. 공장 안에 뿌려진 유인물에는 '중등 수업 무료'라고 적혀 있었다. 육성회비를 내지 못해 초등학교도 졸업하지 못한 신씨는 퇴근하자마자 '청계피복 노동교실'로 달려갔다. 그녀는 자신의 이름을 노동교실에서 처음으로 다시 찾았다. 그 전에는 7번 시다, 3번 미싱사, 1번 오야'로 불렸기 때문이다. 입학 신청을 하고 손꼽아 입학식 날을 기다렸다. 그곳이 노동조합인지 몰랐던 신씨는 청계피복 노조 사람들로부터 전태일이라는 이름을 처음 들었다. 노동운동가로서의 그녀의 삶은 이렇게 시작됐다.

신씨는 2006년 성공회대에 입학해서 사회학을 전공한 뒤 2010년 정치경제학 대학원에 진학했다. 신씨는 대학원에 진학하기 전에도 "생애사를 책으로 써보라"는 지인과 옛 동지들의 권유를 수차례 받았지만 망설였다. 그러나 평화시장 노동자들을 다룬 책과 논문들을 접하고 마음이 달라졌다. 지식인들이 평화시장 여공들에 대해 쓴 저술을 볼 때마다 이건 아니라는 생각이 들었기 때문이다. 여성 노동자들이 '전태일이 알던 불쌍한 여공들'로만 그려지는 게 신씨는 못내 안타까웠다. 그동안 지식인들이 노동자들의 경험과 인식을 대변해 왔지만,[24] 노동자 개인이 갖고 있는 주체적인 인식이 제대로 전달되지는 않았다고 그녀는 생각했다.[25]

여기서 숨은 그림을 찾아보자. 1966년을 기점으로 2년 반 만에 시다에서 미싱보조로 승진하고 월급도 700원에서 3,000원으로 올랐으면, 그리고 5년 만(1971년)에 미싱 기술자가 됐다면, 봉제시장 생태계에서의 역동성(mobility) 즉 상향이동 속도는 결코 느린 것이 아니다. GDP디플레이터를 이용해서 당시 월급 3,000원을 현재가로 환산해 볼 수 있다. 결코 저임이 아닐 수 있다. 그러나 불필요한 논란을 증폭시킬 필요가 없기 때문에 여기서 접고자 한다. 하지만 2년 반 만에 월급이 700원

---

24) 조영래 변호사의 전태일 평전도 여기에 속할 것이다.

25) 신씨는 논문을 쓰며 여전히 노동자들이 경제성장의 성과를 나눠 갖지 못하는 현실이 슬펐다고 썼다. "우리가 투쟁할 때 정부 관계자들이 나와서 'GDP 1만 달러만 되면 당신들 요구를 다 들어 주겠다'고 말했어요. 사실 그때부터 분배를 했어야 해요. 공부를 해보니까 유럽에서는 경제성장기부터 노동자들에게도 성과를 분배했더라고요. 그때부터 쌓인 모순이 지금까지 커지고 있는 게 아닐까요?" 신씨는 여전히 우리 경제가 분배에 소홀했다고 여기고 있다. 하지만 신씨가 여공으로 일할 때, '사회의 이동성'은 결코 느리지 않았다.

에서 3,000원으로 약 4배 올랐다는 것은 경이로운 일이 아닐 수 없다. 물론 시다에서 미싱보조로의 직급이 오른 것도 일정 부분 기여했을 것이다. 월급이 3,000원으로 오를 수 있었던 것은 봉제 산업이 활황이었기 때문이다. 당시 평화시장 여공들은 여전히 빈곤했었을 것이다. 하지만 점차 빈곤의 함정에서 빠져나오고 있었다.

5. 저임금의 경제적 이유: '요소가격 균등화 정리'와 '대외 지향적 수출전략'

전태일과 신씨의 문제의식, 즉 "저임으로 노동자들이 경제성장의 성과를 나눠 갖지 못했다"는 문제의식에 대해 살펴보자. 이 문제에 답하기 위해서는 '요소가격 균등화 정리'를 이해할 필요가 있다.

'요소가격 균등화 정리'(factor price equalization theorem)는 무역이 자유롭게 이루어진다면 노동과 자본의 생산요소 가격은 국제적으로 균등화되는 경향이 있다는 것이다. 헥셔 · 오린 정리(Heckscher-Ohlin theorem)에 따르면, 자본이 상대적으로 풍부한 A국은 자본집약적 상품 X를, 노동이 상대적으로 풍부한 B국은 노동집약적 상품 Y를 수출하게 된다. 이 모형에서 한국은 'B국'에 해당한다. 이때 무역으로 인하여 A국에서는 Y재의 생산에 투입되었던 자본과 노동을 X재 생산에 전용(轉用)하게 된다. X재는 자본집약적인 재화이기 때문에 X재 생산을 늘릴수록 자본에 대한 수요가 상대적으로 증가하는 반면에 노동에 대한 수요는 감소한다. Y재 생산이 감소함에 따라 방출된 자본은 X재 생산을 늘리기에 부족하고, 방출된 노동은 X재 생산을 늘리고도 남는다. 따라서 부족한 자본의 가격은 상대적으로 상승하고 남아도는 노동의 가격은 하락한다. 그 결과 무역개시 전에 자본이 상대적으로 풍부하여 상대적으로 낮았던 A국의 자본가격은 상승하고 반면에 높았던 노동가격은 하락한다.

한편 B국에서는 노동집약적 재화를 수출한다. 이는 노동집약적인 재화 Y재의 생산을 늘린다는 것을 의미하므로 상대적으로 낮았던 노동가격은 높아지고 상대적으로 높았던 자본가격은 낮아진다. X재 생산이 감소함에 따라 방출된 자본을 생산이 늘어난 Y재 산업에서 완전고용하려면 자본가격이 감소해야 한다. 결국 국가 간의 두 생산요소의 가격은 각각 상대적으로나 절대적으로 균등화되는 경향을 갖게 된다. 이와 같이 "국가 간에 생산요소의 이동이 없더라도" 무역이 간접적으로 생산요소를 이동시키는 효과를 가져온다는 것이다. 예컨대 값싼 노동을 이용해 봉제제품을 수출했다면 이는 노동을 수출한 것과 같은 효과를 가진다는 것이다.

헥셔 · 오린 정리와 요소가격 균등화 정리를 이용하여 스톨퍼(Stolper)와 사뮤엘슨(Samuelson)은 고(高)임금국 노동자의 생활수준이 저(低)임금국과의 자유무역을 통하여 어떠한 영향을 받는가를 분석했다. 고임금국 노동자의 임금수준이 저임금국과의 경쟁으로 인해 낮아진다는 것을 논증하였는바, 이것을 스톨퍼 · 사뮤엘슨 정리(Stolper-Samuelson theorem)라고 부른다.

쉽게 풀어 설명하면 다음과 같다. 주지하다시피 1970년에 한국은
자본에 비해 노동이 풍부한 나라였다. 한마디로 자본은 귀한 대접을
받고 노동은 그렇지 못했다. 그만큼 노동이라는 생산요소는 천덕꾸러
기였다. 그러면 어떻게 노동을 가진 사람(또는 계층)들의 처지를 개선
시킬 수 있겠는가. 그것은 노동을 집약적으로 필요로 하는 '노동집약
적 재화'를 많이 만들어 해외에 파는 것이다. 그러면 노동의 수요가 많
아져 그 흔해 보이던 노동이 점차 귀해지고 그 결과 노동의 가격인 노
임이 증가하게 된다. 앞서 설명한 바와 같이, 노동집약적인 재화를 해
외에 파는 것은 '노동을 간접적으로 파는 것'이나 마찬가지다. 따라서
관건은 노동집약적인 재화의 '수출 물고'를 트는 것이다. 그런 점에서
우리가 선택한 대외지향적 수출전략은 옳았다.

1960년대에 세계 대부분의 개발도상국들은 '수입대체 공업화 전략'
을 채택했다. 한국의 '수출지향적 공업화 전략'은 예외적이었고 국제
정세의 흐름을 잘 탄 '절묘한 선택'이었다. 미국은 제2차 대전이 끝난
후 소련과 중국의 사회주의가 팽창하지 못하도록 묶어두는 이른바 '봉
쇄전략'(containment strategy)을 채택했다.[26] 미국은 한국전쟁이 발발하자
일본을 극동의 병참기지로 삼아 일본의 경제부흥을 지원했다. 미국의
동아시아 전략의 핵심은 일본을 경제적으로 부흥시켜 소련과 중국을

---

26) 1947년의 트루만 독트린이다.

견제하고 한국을 통해 한반도에 반공(反共)의 방화벽(fire wall)을 세우는 것이었다. 미국 입장에서는 한국이 빨리 경제력을 갖추는 것이 절실했다. 미국은 한국에 자신의 시장을 기꺼이 내주었다. 한국으로선 경제를 일으킬 거대한 시장을 얻은 것이다. 그리고 주한미군을 통해 안보부담을 크게 줄일 수 있어 경제성장에 매진할 수 있었다. 수출 중심의 경제성장 전략은 이렇게 짜여졌다. 노동집약적 재화 수출을 통해 간접적으로 노동의 수출 효과를 거둔 것이다. 그러면서 노동의 가격, 임금은 서서히 높아졌다.

위의 신씨의 증언에서처럼, 그나마 월급이 700원에서 3,000원으로 오른 데는 이 같은 경제원리가 작용했기 때문이다. 아무리 악덕업주였다 하더라도 월급을 올려주지 않을 수 없었을 것이다. 뒤집어 말하면 노동조합이 결성돼 근로자의 단체 교섭력이 강화됐다 하더라도 노동의 가격, 즉 임금을 올리는 데에는 한계가 있었을 것이다. 당시 저임금이 일반화된 것은 노조가 결성되지 않아서라기보다는 노동공급량이 자본에 비해 과잉이었기 때문이다.

경제원리는 이렇게 작동한다. 소비자 후생을 증가시키는 것은 "선한 의도에서 만들어진 소비자 보호법"이 아니라 악덕 상인들 간의 경쟁인 것이다. 전태일과 신씨가 그렇게 증오한 악덕 업주들 간의 경쟁이 청계 여공의 처지를 그래도 서서히 개선시킨 것이다.

6. 저임금과 착취

1) 착취와 저임은 다르다

전태일은 노동자들이 경제성장의 성과를 제대로 나눠 갖지 못했다고 생각했다.『평전』은 이렇게 기술한다. "경기가 좋으면 평화시장 일대에서 '만들기만 하면 팔린다'는 말이 통했다. 평화시장 일대의 사업주들은 태반이 400~600만원, 고작해야 1,000만원 정도의 자본을 가지고 사업을 하는 영세업자이지만 경기만 제대로 타면 미싱 서너 대를 놓고 시작한 업주가 불과 1~2년 사이에 스무 대, 서른 대의 미싱을 차려놓고 사업을 벌이며, 그 밖에도 집도 사고 땅을 살만큼 치부하는 경우가 비일비재했다."(81쪽) 하지만 평화시장 일대의 노동자들은 가난을 벗어나지 못했다.

업주는 불과 1~2년 사이에 치부하는데 여공은 왜 늘 가난뿐인가. 먼저 떠오르는 것이 '착취'다. 줄 것을 주지 않은 것이다. 착취를 100% 부인할 수는 없지만 착취만으로 설명할 수는 없다. 그렇다면 지금(2010년대 중반)도 업주가 옷 공장 하나만 있으면 집 한 채를 살 수 있는가? 그렇지 않다. 예전의 논리에 충실하면 "지금은 착취를 못해서 그렇지 않다"고밖에 설명할 수 없을 것이다. 이는 예전의 저임을 '착취로만' 설명할 수 없음을 시사한다. 당시 여공들의 삶이 팍팍한 것은 앞서 설명한 바와 같이 여전히 노동이 풍부해 노동의 값, 즉 임금이 충분히 비싸지 않았기 때문이다. 반면 업주의 소득이 높은 이유는 일차적으로는 자본이 귀해 자본가격이 높아서일 것이다. 하지만 그것만으로는 설명이 부족하다. 업주는 조그만 규모의 기업을 운영하는 '기업가'다. 상업세계에서 기업가는 늘 '위험부담'을 진다. 따라서 위험부담에 대한 대가가 자본 사용에 대한 대가에 더해져 업주의 소득이 높아진 것이다.

사업자의 소득이 높아지면 빠른 속도로 다른 사업자들이 봉제산업으로 진입한다. 신규 진입이 늘면 그만큼 여공에 대한 수요가 늘기 때문에 여공에게 불리하지 않다. 저임은 점차 시간이 지나면서 해소되었다. 세상은 시간이 지날수록 낮은 골을 메우면서 '평평'(flat)해지게 된다. 임금이 높아지면서 단순 봉제는 더 이상 황금알을 낳는 거위가 될 수 없었다. 만약 업주가 '착취의 달인'이었다면 업주는 지금도 살아남아 있어야 맞다.

2) 전태일이 노동운동을 하지 않았다면

전태일이 노동운동을 하지 않은 평범한 청년노동자였다면 그의 생은 어떻게 전개되었을까?

『평전』은 이렇게 기록하고 있다. "전태일은 지긋지긋한 불안했던 떠돌이 생활을 청산할 수 있게 되었다는 사실에 흥분을 느꼈다. 첫 출근하는 날 그의 가슴은 새로운 희망과 꿈으로 부풀었다. 지금 생활이 해결되는 것은 아니었다. 오히려 구두닦이 때보다 더 궁핍한 생활, 더

고된 노동에 시달려야 할 형편이었다. 그러나 이 모든 것을 이겨나가
며 기술을 배울 때에는 새로운 살 길이 열리리라는 희망, 그것이 그의
어린 어깨를 들썩이게 했다."(87쪽)

전태일이 평화시장 시다로 첫 발을 들여놓은 것은 1964년 봄, 그의
나이 16세였다. 14시간 노동을 하고 받은 월급은 1,500원이었다. 일당
50원 꼴이다. 기막힌 저임이었다. 하지만 원래 미싱 일에 경험이 있었던
전태일은 남달리 빨리 익힌 기술이 인정되어 월급도 3,000원으로 올랐
고 잔심부름을 하지 않아도 되는 '미싱보조'로 올라갔다. 그의 가족이
모두 다시 모여 살게 된 것도 이즈음이었다. 삼일사의 미싱보조로 기술
을 배운 그는 1966년 가을에는 통일사에서 어린아이들 막바지를 만드는
미싱사로 취직을 했다. 2년 반 만에 시다에서 미싱사로 올라선 것이다.

하지만 그는 심경의 변화를 느낀다.『평전』은 이렇게 기록하고 있
다. "미싱 일을 시작할 때 전태일의 나이 열일곱, 오랜 방황도 끝나 가
족이 모여 살게 되고 원하던 기술도 익히면서 그는 청년노동자로 성장
했다. 기술을 배워 어머니 아버지를 편히 모시겠다던, 그리고 끊어졌
던 배움의 길을 다시 걷겠다던 그의 간절한 소망이 이루어지기 전에
평화시장의 지옥과 같은 처참한 노동현실이 그의 가슴을 압박해 왔다.
떠돌이 생활의 악몽이 채 가시기도 전에 임금노동자의 괴로움이 그의
꿈을 짓밟고 그의 분노를 들끓게 하는 쇠사슬로 변했다."(89쪽)[27]

---

27) 평화시장 여공들에게 내일은 없다. 하루하루 모진 목숨을 이어나가야 하는
숨 막히는 노동의 질곡만이 있을 뿐이다. 그들은 결국 스스로의 젊음과 소망

만약 전태일이 노동운동에 뛰어들지 않았다면 그는 『평전』에서 기술한 대로, 방황을 끝내고 가족이 모여 살면서 원하던 기술을 익히고 끊어졌던 배움의 길을 걷는 청년노동자로 성장했을 것이다. 『평전』에 기록된 대로 그는 2년 반 만에(1964년 봄에서 1966년 가을) 시다에서 미싱사로 올라섰다.

청계천의 모든 노동자가 노동운동에 뛰어들 수는 없었을 것이다. 또 그럴 필요도 없다. 생각이 앞선 자, 실천을 두려워하지 않는 자가 노동운동에 뛰어들었던 것이다. 전태일이 그 당사자이다. 하지만 노동운동에 뛰어들지 않은 대다수의 노동자를 탓해서는 안 된다. 그들은 느린 속도이지만 청계천 평화시장에서 '성장 사다리'를 타고 올라가는 중이었다.

7. 전태일의 인식 세계

1) 전태일이 명명한 '부(富)한 환경'

열여섯의 전태일이 한뎃잠을 자며 '거리의 천사'로 닥치는 대로 온갖 노동을 해가며 부딪친 세상의 모습은 어떤 것이었을까? 『평전』은 전태일의 결기를 이렇게 기록하고 있다. "그에게 한 인간으로 설자리를 허용하지 않는 타인의 성채, 그를 끝끝내 거부하는 저 부유한 자, 강한

과 건강과 생명을 그날 그날 갉아 먹으며 살아야만 하는 피팔이(賣血) 인생들이다.(95쪽)

자가 지배하는 질서. 그것을 두고두고 저주하기 위해서는 그리하여 끝끝내 그것을 타파하기 위해서는, 무엇이든 그것을 부를 이름이 필요했다. 그는 이를 '부(富)한 환경'이라 불렀다."(61쪽) "열여섯 살 나이에 이미 전태일은 '부유한 환경'이 그와 그의 여동생을 거부한다는 사실을 명확히 깨달았다. 냉혹한 현실은 남매간의 정도 갈라놓았다. 그는 어린 동생을 버렸다. 버리면서 '피를 말리는 듯한 죄책감'에 떨었다."(61쪽)

"언제든지 밑지는 생명을 연장하려고 애쓰는 불쌍한 사람들을 위해 일하겠다던 청옥고등공민학교 시절의 꿈을 기어이 이루어야만 했다. 그 길만이 지금껏 살아온 쓰라린 세월에 대한 보상이었고, 악착 같이 자신을 거부해온 '부한 환경'에 대해 자기 쪽이 되돌려주어야 할 정당한 대답이었다."(63쪽)

"서울역 근처의 지하도를 지나갈 때면, 밤이슬을 피해 지하도 벽에 기대앉아 졸고 있는 그들의 초라한 모습에서, 자신들을 인간쓰레기로 만들고 있는 '부한 환경'에 대한 깊은 분노가 타오르고 있는 것을 읽을 수 있었다."(65쪽)

여기서 냉정해질 필요가 있다. 전태일이 인식한 '그를 거부한 성채'는 무엇인가? 실제 그런 성채가 존재했던? 동의하기 어렵다. 이는 전태일과 조영래가 자신의 '인식의 창'을 통해 본 세계였을 수 있다. 당시에는 거의 모든 사람들이 절대적 빈곤에 빠져 있었다. 그래서 나온 말이 '무작정 상경'이었다. 홀홀단신 무작정 상경한 사람들은 스스로 삶을 개척해야 했다. 그들이 스스로 선택한 길이기에 그들은 세상을 원망할 겨를이 없었다.

『평전』에 나오는 '부한 환경'이 서울역 근처 지하도 벽에 기대 졸고 있는 사람들을 '인간 쓰레기'로 만든 것은 아니다. 그리고 '타인의 성채'가 동생을 버리도록 강요한 것은 더더욱 아니었다. 그는 동생을 고아원에 맡기면서 동생과 헤어진다. 당시 나라살림 형편으로 고아원은 최고의 아동보호 시설이었다.

전태일은 사회의 구조적 모순에 대한 저항에서 '부한 환경'이란 생각을 했을까 아니면 사회를 보는 '적개심'의 발로였을까. 후자에 가깝지 않았을까 싶다. 그렇다면 이는 '증오'를 부추긴 것에 지나지 않는다. 아니면 전태일이 아닌 조영래가 인식한 세계였을 수도 있다.

2) 재단사가 되기로 결심

『평전』을 관류하는 주장은 전태일이 지독한 가난과 시련 속에서도 절망하지 않고 당당하고 정의롭게 살 수 있었던 것은 그 험난한 상황에서 비롯된 인간에 대한 사랑과 인간으로서의 사명감 때문이었다는 것이다.

1966년 늦가을 그는 통일사 미싱사가 되었다. 하지만 그는 힘을 기르기 위해 미싱사의 생활을 접고 재단사가 되는 길을 택했다. 그는 재단사는 주인에게도 절대적인 존재라고 생각했다. 업주의 돈벌이가 잘 되고 못되는 데 결정적인 영향을 미칠 수 있기 때문이다.[28] 전태일은 재단사가 되기로 결심하면서 임금 손실을 경험한다. 그럼에도 재단보조공으로 자리를 옮긴 이유는 그렇게 하는 것이 자신의 평화시장 어린 여공에 대한 '인격적인 의무'를 수행하는 길이라고 생각했기 때문이다. 불의한 기업주의 횡포, 억압과 불의에 저항하여 무언가 싸움에 나서는 것이 올바른 길이라는 것을 깨달았다. 그렇게 해서 그는 1967년 2월 한미사 재단사가 되었다.

조영래는 전태일의 어린 여공에 대한 고뇌와 그의 결의를 격하게 토로한다. "희망의 가지를 잘린 채, 존재하기 위한 대가로 물질적 가치로 전락해 버린 인간 그 자체였다."(114쪽)[29]

"그(전태일)가 가야 할 길임을 확실히 깨달았을 때, 그의 하루하루는 아무리 고달픈 가시밭길일지라도 자신의 생명을 갉아 먹으며 무의미하게 돌아가는 쳇바퀴가 아니라 참된 내일의 희망을 향하여 눈부시게 전진하는 참으로 인간다운 보람과 의욕을 되찾아주는 '저항과 창

---

28) 재단사들은 미싱사와 달리 도급제가 아니라 정액의 월급을 받는다. 재단사는 장기근무 하기를 희망하고 업주는 재단사를 회유해 그를 통해 미싱사와 시다 등의 하급 노동자들을 통제하려고 하고, 이 과정에서 '유착관계'가 형성된다.

29) "둘레를 얽어매고 있는 타의적인 구속이 강요하는 좌절과 절망을 근본적으로 극복할 길을 발견하고 탈진해 가고 있는 의욕을 되살려내고, 지금껏 그를 괴롭혔던 냉혹한 현실과 정면으로 맞서 싸우고, 그것이 가져다주는 인간에 대한 '타의적인 구속' 그 자체에 도전하여 그것을 제거할 것을 확고하게 결심하였다."(124쪽)

조'의 나날이 되었던 것이다."(125쪽)

3) 노동운동에 뛰어들게 된 계기

'부유한 환경'으로부터 그는 모조리 거부당했다. 산송장처럼 좌절했던 그가 엄청난 노동운동에 온몸으로 뛰어들게 된 이유는 무엇인가.

『평전』은 이렇게 기술하고 있다. 억눌리는 사람들이 수적으로 아무리 많아도 항상 '조직된 소수'에게 지배당하게 된다. 그렇게 되는 데에는 억압받은 사람들의 '노예의식'도 한몫 하고 있다.(127쪽) 고통 받는 한 인간의 의식세계를 살펴보자. 순응해야만 생존이 보장된다고 느끼고 현실 앞에서 위축되고 기가 죽는다. 현실에 대한 비판은 그 자신의 생존을 위협하는 무모한 짓이기에, 사회가 강요하는 것을 모두 받아들이는 '순한 양'이 된다. 전태일은 순치된 나머지 자신이 착취당하고 있다는 것조차 모르는 청계천의 노동현실을 깊이 안타까워했다.

하지만 전태일의 생각이 하루아침에 만들어진 것은 아니다. 1967년 2월 23일자 그의 일기에는 '주인의 공(功)을 갚고'라는 표현이 나온다. 조영래는 이를 "아직도 기업주를 직공들을 먹여 살리는 은혜를 베푸는 존재이며, 직공들은 그 은혜에 보답해야 하는 것으로 여긴, 기업주의 선전과 사회의 통념을 그대로 받아들이고 있는 것"으로 기술한다.(129쪽) 그는 평화시장 노동자들의 모든 고통이 직접적으로 바로 기업주들의 비인간적인 횡포와 학대에서 비롯된다는 것을 명확하게 인식하지

못했다는 것이다. 그런 전태일이가 어떻게 변했는가를 조영래는 풀어
간다.

전태일은 폐병 3기의 여공이 해고된 것을 목도하고 큰 충격을 받는
다.(133쪽) 여공들의 참상은 전태일이 본격적으로 노동운동에 뛰어든
이후 쇠잔해가는 그의 투지를 다시 불러일으키는 동력이 됐다.[30] 그는
결심한다. 잔인한 노동조건을 내 힘으로 바꾸어 보자, 어떤 어려움이
있더라도 기어이 해보자.

4) '바보회' 조직

전태일은 아버지와 대화 중에 '근로기준법'의 존재를 발견한다. 근
로자의 생활을 보장 · 향상시키기 위해 법률이 존재한다는 사실 하나
만으로도 암흑의 동굴에서 한줄기 광명을 발견한 듯한 놀라운 환희였
다.[31]

1968년 말경 전태일은 근로시간 개선을 위해 재단사들의 모임을 만
들자고 제의했고, 그 다음해 6월 정식으로 창립총회를 가졌다. 명칭은
전태일의 제의에 따라 '바보회'로 정했다. 똑똑한 인간, 약은 인간이 되

---

30) 1970년 8월 9일 일기에서도 그것을 엿볼 수 있다. "…나는 돌아가야 한다.
　　불쌍한 내 형제의 곁으로, 내 마음의 고향으로…"

31) 근로기준법 제42조, "근로시간은 휴게시간을 제하고 1일에 8시간, 1주일에
　　48시간을 기준으로 한다. 단, 당사자 간의 합의에 의해 1주일에 60시간을 한
　　도로 한다 …"

기를 거부하고 스스로를 '바보'라고 선언한 것이다.[32]

전태일은 바보회의 활동지침으로 독지가를 찾아내 근로기준법을 준수하는 모범업체를 만드는 것을 제안한다. 우리가 시범으로 얼마든지 제대로 월급 주고도 장사를 할 수 있다는 것을 보여주자. 그는 평화시장 근로자의 참상이 바깥 세상에 폭로되기만 하면 반드시 독지가가 나타날 것으로 믿었다.

1969년 8~9월, 전태일은 평화시장 노동실태 조사용 설문지 300매를 인쇄해 비밀리에 돌렸다. 하지만 업주들에게 들켜 겨우 100매만 돌렸다. 그 중 회수된 것은 30매에 불과했다. 그는 회수된 설문지를 근거로 감독권 행사를 요구하기 위해 시청 근처의 근로감독관을 찾아갔다. 노동자들의 참상이 알려지면 관계기관인 노동청이나 근로감독관이 노동자 편을 들어 기업주들을 혼내 줄 것으로 기대하고 있었다. 하지만 근로감독관은 전태일 편이 아니었다. 그는 깊은 좌절감에 빠진다. 가족들에 대한 죄책감, 생계의 어려움, 바보회의 파탄, 암초처럼 버티고 선 거대한 억압의 벽. 그는 친구에게 보낸 편지에서 "현실의 조롱과 냉소가 너무나도 잔혹하고 괴로웠다"고 썼다.

---

32) 똑똑한 사람, 약은 사람, 현명한 사람. 갖은 혼란을 몸으로 겪으면서 살아남았던 기성세대는 비굴한 처세철학을 뼛속까지 익힌 '현명한 사람'들이었다. 적응, 순종, 온건, 타협 등의 추상적 명제를 한 꺼풀 벗겨 놓고 보면 그것은 곧 어떠한 현실에건 저항해서는 안 된다고 하는, 쓸개를 빼 놓고 살아야 한다는, 거세된 노예가 되기를 강요하는 실로 무서운 주문인 것이다.(153쪽)

5) 조영래가 정리한 '전태일 사상'

조영래는 전태일의 생각을 '사상'으로 정리한다. 생각에 철학과 가치의 옷을 입힌 것이다. 조영래는 이를 '각성된 밑바닥 인간의 사상'으로 규정했다. 전태일의 '민중관의 감동적 전환'을 조영래는 상세히 기술하고 있다.(198쪽) 그 같은 '전환'에는 필시 계기가 있을 것이다.

"어느 날 아침, 그는 버스정류장에서 장사 광주리를 이고 만원 버스를 타려고 차장과 실랑이 하는 한 부인을 본다. 그것은 20여 년 동안 그가 하루도 빠짐없이 보아 온 밑바닥 인생의 모습이었다."[33] 어머니와 신경전을 벌이고 집을 나섰던 그 우울한 아침에 그 부인의 모습을 보고 그는 통곡을 했다. 무슨 죄가 있다는 말이냐? "저 약하고 어질고 꾸밈없는 한 인간이…"(199쪽)

하지만 조영래가 기술한 '그 전환의 계기'에 공감이 가지 않는다. 무엇인가 비약하고 있다는 느낌을 부정할 수 없다.『평전』의 설명을 더 들어보자.

전태일은 자신을 잊어버리고 '현실과 한패'가 되어 민중, 아니 그 자신의 얼굴에 침을 뱉곤 한 자신을 발견했다는 것이다. '노예의식'에 빠져있는 자신을 발견하곤 크게 낙담했다는 것이다. "현실이 나를 보

---

33) 그것은 품위니, 인격이니, 존엄이니 같은 것들과는 담을 쌓고 세상으로부터 철저히 경멸당하고 있는 모습이었다.

고 냉소한다고 나도 현실과 한 패가 되어 나를 조롱하는구나” 하고 뼈아프게 뉘우쳤다. 그는 고통받는 민중의 모습에 고개를 숙이고 그것을 온몸으로 끌어안고 자학의 늪으로부터 빠져 나왔다.

조영래는 전태일이 노예의식에서 벗어났다고 기술했다. 그렇다면 그 후로는 노예라는 말이 다시는 사용되지 말아야 한다. 1969년 12월에 쓰인 글에서 그는 다시 노예를 언급한다.[34)]

기존 현상에 대한 철저한 비판으로 전태일 사상은 ‘완전한 거부, 완전한 부정의 사상’이 된다. 조영래는 전태일이 현실의 ‘덩어리’ 속에 뭉쳐지지 않겠다고 단호하게 선언하고 있는 데에 주목해야 한다고 기술한다.

“다른 한 인간의 참된 희망과 관심과 가치를 존중하지 아니하고 그를 단순히 자기의 탐욕을 채우기 위한 도구로 이용하기 위하여 야합하고 있는 기존 사회의 덩어리, 그것은 완전히 무가치한, 완전히 부정되어야 할, 완전히 추악한 덩어리였다.”[35)]

그가 끝내 버려서는 안 된다고 확인한 것은 “그의 마음의 고향, 저

---

34) “업주들은 한 끼 점심값으로 200원을 쓰면서 어린 직공들은 하루 세끼 밥값이 50원, 이건 인간으로서 행할 수 없는 행위입니다. 같은 인간인데 왜 빈(貧)한 자는 부(富)한 자의 노예가 되어야 합니까? 왜 빈한 자는 하나님께서 택하신 안식을 지킬 권리가 없습니까?”(211쪽) 노예의식을 떨쳐버렸으면 이런 말은 하지 않았어야 한다.

35) 전태일에게 가치 있는 것은 “추악한 덩어리를 전부 분해”해 버리는 것일 뿐이다. 인간을 자기의 탐욕을 채우기 위한 도구로 이용하기 위해 야합하고 있는 기존 사회의 덩어리에 그는 분노했다.

인간시장의 현장에서 학대받고 수모당하고 짓밟혀 파괴되고 있는 인간성을 위한 투쟁의 길 뿐이었다.[36](242쪽) 조영래는 여기서 전태일의 사상이 완결됐다고 기술한다.

하지만 근로조건 개선의 당위성을 이런 식으로 찾아서는 안 된다. '제도의 불비(不備)'를 부정할 수는 없다. 이는 사회가 충분히 발전하지 않았고 또 그것을 '제도라는 그릇'에 담지 못해서이지, "자신의 탐욕을 채우기 위한 도구로 노동자를 이용하기 위해 야합한 결과" 제도가 불비된 것은 아니다. 근로조건을 개선시킨 것은 역설적으로 '업주의 자비심'과 '감독관의 선의'가 아니라 '경제성장'이었다. 현실에 대한 비판을 금기(禁忌)시 해서는 안 된다. 하지만 현실비판이 '완전한 거부, 완전한 부정'의 사상으로 연결될 이유는 없다.

『전태일 평전』의 제4부 제목은 '전태일 사상'이다. 조영래는 '전태일 사상'을 본문이 아닌 '부(part) 제목'으로 선택했다. 하지만 '전태일 사상'에 흔쾌히 동의하기 어렵다. 전태일의 공식 학력이 짧아 그를 사상가의 반열에 올려놓아서는 안 된다는 얘기를 하는 것이 아니다. 그런 주장을 폈다면 '공공의 적(敵)'이 되고도 남는다. 분명 '사상'은 무거운 단어이다. '전태일 사상'을 고집함으로써 전태일을 지지하는 노동자로부터 전태일을 유리시키는 결과를 가져올 수도 있다. 그러면 다른 표현은 없을까?

---

36) "한 병약한 인간이 어떠한 굴종의 성채도 파괴해 버리는 저 처절한 분노와 사랑의 불길을 보게 될 것이다."

조영래가 정리한 '전태일 사상'의 4가지 특징은 다음과 같다.(196쪽) 첫째, 전태일 사상은 밑바닥 인간의 사상이다.

둘째, 전태일 사상은 각성된 밑바닥 인간의 사상이다.

셋째, 가치관의 전환을 통해 저항과 투쟁의 길로 들어선 사상이다.[37)]

넷째, 그의 사상은 근본적인 개혁의 사상, 행동의 사상이다.

그렇다면 "분노에서 거듭난 참인간 전태일의 생각"으로 표현돼야 한다. 만약 제목으로 길다면 "참인간 전태일의 생각"도 좋았을 것이다. 4부의 제목을 작위적인 '전태일의 사상'으로 닮음으로써, 도리어 전태일의 인간적인 면모를 삭감시키는 우를 범하고 말았다.

6) 모범업체 설립의 꿈 좌절과 죽음의 예감

1970년 3월. 그는 근로기준법을 준수해 종업원을 인간다운 대우를 해주는 모범적인 피복업체를 만들기 위해 방대한 계획서를 작성한다. 당시 월급 수준이 1만원 선이었던 미싱사에게는 월 3만원, 월급 1,000원~1,500원이던 시다들에게는 8,000원을 지급한다. 교사 5명을 월급 25,000원에 고용해 직공들에게 공부를 가르친다. 이 같은 구상을 하게 된 것은, 노동자들이 저임금과 악조건에 시달리는 것은 업주의 이익이 박해서가 아니라 업주가 이익을 독점하려고 하기 때문이라는 것을 입증하고 싶었기 때문이다.

하지만 모범업체 설립 계획은 실패로 돌아갔다. 이러한 사업계획을

---

37) 비인간으로 몰락한 민중이 그 몰락을 자신의 원죄로 돌리는 한 현실을 타개하려는 의지가 절대로 움틀 수 없다.

보고 투자를 할 자본가는 존재하지 않았다. 이는 전태일의 구상대로 임금을 지급하면 회사를 꾸릴 수 없다는 것을 의미한다. 그렇다면 당시 임금은 노동시장 상황을 반영한 '나름대로' 공정한 임금이었을 수 있다. 바꿔 말하면 생산성에서 크게 벗어난 임금이 아니었음을 시사한다.

8. 죽음의 예견, 1970년 11월 13일의 분신

전태일의 노동운동은 노동청 정문 앞에서 출입기자를 만남으로써 새로운 전기를 맞는다. 기자는 설문지 30매는 부족하니 자료를 보완하고 여러 사람 이름으로 정식 제출해 보라고 조언한다. 평화시장의 실정을 신문을 통해 세상에 폭로할 수 있다는 가능성으로 전태일은 용기백배했다. 1970년 10월 7일, 노동청에 진정서를 낸 그 다음날 석간신문에 평화시장의 참상에 대한 보도가 나왔다. 경향신문 사회면 톱으로, '골방서 하루 16시간 노동', '소녀 등 2만 명 혹사', '거의 직업병… 노동청 뒤늦게 고발키로', '근로조건 영점, 평화시장 피복공장'이 주요 내용이었다.(265쪽)

전태일은 드디어 두터운 벽의 일각을 뚫었다. 차디찬 상업주의 벽, 인간을 물질화하는 억압과 물질의 벽을 뚫은 것이다.[38] 스스로의 행동

---

[38] 신문사 역시 강한 자, 부유한 자에 속한다. 그들이 밑바닥 인생의 문제에 관심을 둘 이유는 없다. 정치권력의 비위를 거스를 이유는 없다. 신문기자도 이 눈치 저 눈치 살피면서 안일하게 살고 싶은 소시민일 뿐이다. 『평전』은 이렇게 기술하고 있다.

이 어마어마한 신문에까지 영향을 미쳤다는 엄연한 현실에 그는 참으로 용기백배했다. '삼동회'(바보회 이후 새로 조직한 노동자모임)는 신문 보도가 난 날 저녁 평화시장 측에 요구조건을 제출키로 결의하고, 그 다음날 8개 항의 요구조건을 시장 측에 전달했다.(270쪽)[39)]

당시는 1971년 봄의 대통령 선거를 7개월 남짓 남겨둔 시점이었다. 박정희 정권은 사회 여론을 면밀히 살피기 시작했다. 신문보도가 나가자 노동청 근로감독관이 삼동회 회원들을 찾아와 근로조건 개선을 약속했다. 하지만 근로조건 개선은 이루어지지 않았다. 전태일은 근로감독관의 식언(食言)에 분개하고 시위를 주도했지만 번번이 실패했다.

전태일은 1970년 10월 24일 시위가 실패로 돌아간 것은 결정적으로 노동자들의 투쟁 자세가 확고하지 못했기 때문이라고 생각했다. 『평전』은 이렇게 기술하고 있다. "억눌리고 있는 사람들로 하여금 마음껏 통곡하게 하고, 그리하여 그들이 위축과 좌절을 떨쳐 버리고 일어서게 하려고 그는 병든 육신을 통곡의 횃불에 바치기로 결심한 것이다. 불꽃이 아니면 침묵의 밤을 밝힐 수가 없다. 허덕이며 고통의 길로 끌려가고 있는 노동자들에게 삶의 길을 비추는 것은 오직 불꽃 뿐, 불타는 노동자의 육탄뿐이다."(293쪽)

조영래는 전태일이 바랐던 세상을 이렇게 기술한다.(284쪽)

---

39) 다락방 철거, 환풍기 설치, 조명시설 개선, 여성 생리휴가 보장, 노동조합 결성 지원 등 8개항이다.

"서로 간의 사랑이라는 참된 기쁨을 맛보고 살아가는 세상, 덩어리
가 없기 때문에 부스러기가 존재할 수 없는 세상, 서로가 다 용해되어
있는 상태… 그것을 바랐다. 부유하고 강한 자들의 횡포 아래 탐욕과
이해관계로 얽힌 '불합리한 사회 현실의 덩어리', 인간을 물질화하는
'부한 환경', '생존경쟁이라는 이름이 없어도 될 악마'의 야만적 질서.
그것이 분해되기를 바랐다. 평화시장의 어린 동심들이 잔혹한 채찍으
로부터 구출되기를 절실하게 바랐다."

그는 어린 동심을 구출하기 위해 1970년 11월 13일 자신을 산화했
다.[40]

9. 1970년대 평화 봉제 노동시장의 특성

1) 평화시장 의류생산 네트워크의 일반적 특성

『전태일 평전』의 배경이 됐던 청계 평화시장의 노동시장의 특성을
기술하지 않고서는 전태일의 생애를 올바로 이해할 수 없다. 여기에서
는 실증적인 측면에서 평화시장에 접근한 '주은선'의 연구에 기초하고
있다.[41]

---

40) 그는 산화하면서 '근로기준법'을 준수하라고 외쳤다. 하지만 당시 근로기준
   법은 6.25 한국전쟁 중인 1953년 임시수도 부산에서, 체제경쟁 차원에서 우리
   경제의 이행능력을 고려하지 않고 이상적으로 정한 것이었다. 따라서 전태일
   이 산화할 당시 근로기준법은 실제적으로 지켜질 수 없었다.

41) 주은선, "평화시장 근처의 의류생산 네트워크와 지역 노동자의 경제생활 변

1950년대부터 이미 청계천변 판자집 2층에는 의류제조업체들이 자리 잡고 있었다. 6.25전쟁 이후 의류시장이 팽창하면서 1955년에는 내수의류의 60%가 이 지역에서 생산됐다. 청계천변의 공장들은 1961년 평화시장에 입주한 이후 70년대까지 호황이 지속되면서 주변에 계속 의류상가가 지어졌다. 1962년에는 동신시장이, 1968년에는 통일상가가, 69년에는 동화상가가 연이어 들어섰다.[42]

〈표-1〉 1970년 청계천 주변의 의류시장의 공장 분포 및 노동자 밀집현황

시장명	점포수	공장수	상가별 노동자수
평화시장	1층에 점포 717개	2, 3층에 공장 약 230개	약 10,000명
동화시장	1, 2층에 점포 300개	3-5층에 공장 약 160개	약 4,800명
통일상가 및 인접건물		공장 약 200개	약 8,000명
을지, 연쇄상가		주로 공장	

원자료:『전태일 평전』(조영래, 1995), 주은선 재인용

70년대에 의류산업은 내수확대와 의류수출 증가로 호황을 누렸다. 〈표-1〉은 1970년 청계천 주변의 의류시장의 공장 분포 및 노동자 밀

천에 관한 연구"(1999), 서울학연구 13, 245-283

42) 평화시장 상가는 기능면에서 두 가지로 구분된다. 하나는 점포와 제조공장이 같이 있는 것이고, 다른 하나는 공장만 있는 것이다. 평화, 동화, 통일, 동신, 종합, 신평화, 동문 등 7개 상가는 시장개설 허가를 받아 점포와 제품공장이 같이 있는 상가이다. 반면에 을지, 연쇄, 부관 및 을호, 성동 등은 공장만 있다. 그밖에 중부시장 주변에 공장이 산재되어 있었다.

집 상황을 나타낸 것이다. 〈표-1〉에 의하면 1970년 당시 최소한 550개 이상의 공장과 2만 명 이상의 노동자가 평화시장을 중심으로 밀집한 것으로 추산된다.

평화시장은 사업장 규모 면에서 영세하고 동질성이 강했다. 자연스럽게 평화시장은 지역적 테두리 내에서 완결성을 가졌다. 완결성은 판매와 생산의 연결망이 네트워크를 형성했다는 의미이다. 생산네트워크는 청계 노동자의 소득수준, 노동대가, 구직경로, 고용형태 등을 규정했다.

당시 청계 평화시장의 임금체계 및 고용행태를 살펴보자. 해고에 따른 부담이 적은 '유연한 고용형태'를 도입했다. '객공제, 갯수급, 소사장제' 등이 그것이다. 의류는 공정분화와 제품운반이 쉬운 재화이다. 따라서 하청생산이 자연스럽게 이루어졌다. 원청업체는 디자인 등을 맡고 하청업체는 주어진 '기술적 기준'에 맞춰 봉제작업만 하면 된다. 원청과 하청부문이 분리되면, 하청업체는 이동성이 큰, 즉 이직률이 높은 하청노동자를 고용하게 되어 그만큼 기술력을 축적하기 어렵다. 하청관계는 생산네트워크 상의 핵심노동자와 '주변부 노동자'를 가르는 역할을 한다.

하청생산의 관행은 노동자 분산에 따른 분할지배(divide and control)를 가능하게 함으로써 노동자의 역량 약화를 초래했다. 이는 후일 전태일의 분신으로 노동조합 형성이 자유로워졌을 때에도 노조활성화를 저해하는 요인으로 작용했다. 하청생산은 노조의 교섭력을 약화시켰

다. 하청생산은 오늘날 일종의 '대체근로'로 기능했다. Brusco(1981)는
이탈리아 등지에서 하청관계가 발달하게 된 계기를 노동운동이 활발
했던 시기에 사업주들의 대응전략으로 해석하고 있다.[43] 청계시장에서
노조가 활성화되지 못한 이유는 산업의 특성에서 오는 것으로, 노조를
'탄압'해서만은 아니었다.[44]

생산량 변동은 공장 내 작업시간을 조정해 맞췄다. 노동시간 조절
을 통한 생산 유연성 확보 방식은 '도급제-갯수급'으로서 주로 미싱사
들에게 적용됐다. 당시 '객공제'도 보편화됐다. 객공제는 재단사나 미
싱사가 일시적으로 회사에 고용되어 회사가 제공한 미싱과 원단 및 부
자재로 회사 작업장에서 생산하면서 개수 임금을 받는 작업형태를 말
한다.[45] 1인에서 5인 정도를 자신이 직접 고용하면서 회사에서 받은 임
금을 나눈다. 이는 '팀 단위'의 불완전 고용형태로, 오늘날 '사내하청'과
유사한 고용형태이다. 차이가 있다면 '파견주'가 없는 것이 특징이다.

1) 급여 및 복지수준

가게와 공장이 결합되고 생산 공정이 한 작업장 내에서 완결되었기
때문에 임금, 노동시간, 복지 등은 업주에 의해 결정되었다. 저임금 상

---

43) Brusco, S.(1982) "The Emillian Model: productive decentralization and social
 integration", Cambridge Journal of Economics, 167-184.

44) 봉제는 처음부터 자동차 조립 같은 '장치산업'일 수 없었다.

45) 이는 '사내하청'의 형태를 띠었지만 파견주가 있는 것은 아니었다.

황 이었지만 임금수준 및 임금산정 방식은 직무에 따라 차별화되었다.

전태일이 현직에 종사했던 1970년 당시 이미 미싱사의 50% 정도는 객공으로 독립하여 시다와 미싱보조를 거느리고 도급제로 일을 했다. 업주는 미싱사의 경우 숙련에 따라 임금을 차별적으로 지급했고, 재단사와 시다는 고정월급제였다. 임금은 전반적으로 낮았다. 재단사와 숙련된 미싱사만이 '가족의 최저 생계'를 보장할 수 있는 임금을 받았고, 대부분의 미싱사, 재단보조, 시다의 임금은 이에 훨씬 못 미쳤다. 시다 임금은 훨씬 열악했다.

〈표-2〉는 1970년 평화상가 의류 노동자의 직무별 임금수준을 나타낸 것이다. 4인 기준으로 1973년 도시지역 최저생계비는 20,617원이다. 최저생계비는 식비를 중심으로 계산된 것으로, 말 그대로 생존임금 수준이다. 최저생계비를 100으로 보았을 때, 재단사 임금은 146%에서 742%이며, 재단보조는 15%에서 73%, 미싱사는 34%에서 121%, 시다는 9%에서 15%이다. 재단사와 미싱사 일부만이 겨우 4인 가족의 생계비를 벌 수 있었다.

하지만 〈표-2〉에서 유의할 것은 의류 관련 노동자의 임금이 이미 상당 정도 '차별화' 되었다는 점이다. 재단사는 기술력에 상응하는 상대적 고임금을 받았다. 노동시장은 나름대로 작동하고 있었다고 봐야한다.『전태일 평전』에서 고발하고 있는 저임금은 시다와 보조공에 국한된 것으로, 이를 평화시장 전체 노동자로 확대시키는 데에는 주의를

요한다.

〈표-2〉 1970년 청계의류 노동자 직무별 임금수준

직위	재단사	재단보조	미싱사	시다
임금	30,000-153,000	3,000-15,000	7,000-25,000	1,800-3,000
4인가족 최저생계비 대비 비율(%)	146-742	15-73	34-121	9-15

자료: 주은선 인용

청계노동자의 복지수준은 열악했다. 의료보험과 최저임금은 아직 제도 도입 전이었으며, 산재보험과 근로기준법은 있었으나 산재보험 은 50인 이상 노동자만이 가입할 수 있었고, 근로기준법은 15인 이상 사업장 근로자에만 적용되었다. 따라서 대다수의 평화시장 근로자는 사회보장 혜택을 받을 수 없었다. 지금으로 치면 대다수 노동자가 '복 지의 미(未)적용지대'에 놓인 것이다.[46]

2) 전태일 분신에도 노동조합이 활성화되지 못한 이유

1970년 11월 전태일 분신 이후에 결성된 청계피복 노동조합은 조직 강화를 거쳐 1975년부터 1981년 강제해산 이전까지 일요일 휴일제, 다 락철거, 시다임금 사용주 지불 및 임금 인상, 퇴직금 지급 등을 이슈로

---

46) 경제 용어의 정명(正名) 차원에서 '사각지대'란 용어를 '미적용지대'로 중립 적으로 풀어썼다.

활동했다. 하지만 전태일의 분신에도 불구하고 노조활동은 활성화되지 못했다. 일차적으로는 당시 억압정치가 그 이유의 일단이었다. 하지만 봉제 산업 특성 그 자체도 노동조합의 활성화를 저해하는 요인으로 작용했다.[47]

80년대 초반은 평화시장 봉제공장의 분산기다. 평화시장 주변에 밀집되어 있던 공장들은 80년대 이전에 이미 상당수 주택가로 분산되었다. 이 시기에는 '팀생산과 객공제'가 일반화되었다. 객공제를 통한 팀 작업에서는 미싱보조의 월급은 미싱오야가 직접 지급했다. 이때 사업주는 월임금을 정해 놓은 것이 아니라 '장당 단가'를 정해 임금수준을 산정한다. 예를 들어 잠바의 장당 가격은 800원이다. 하루에 잠바를 30벌 만든다면, 사업주가 62만원(800원×30벌/일×26일/달)을 한 팀 앞으로 계상(計上)해 두는 식이다. 사업주가 시다오야와 시다에게 14만원, 12만원을 주고 나머지 36만원은 미싱오야에게 지불한다. 그러면 미싱오야는 15만원을 미싱보조에게 주고 자신은 21만원을 갖는다. 이러한 임금체계는 대부분 여성인 미싱, 시다에게 적용되었다. 일정 수준 이상의 숙련을 갖춘 인맥으로 형성된 '객공제에 의한 팀생산'은 작업장의 규율 및 사업주의 통제로부터 자유로웠다. 이는 나름 진일보한 노동형태이다.『전태일 평전』에서 줄기차게 제기된 '업주에 의한 착취'는

---

47) '87체제'로 넘어오면서 1989년 단체협상에서 임금과 관련해 제기된 것은 2가지다. 1989년 임금협약은 평화시장 최초로 감행한 101개 사업장의 연쇄파업 끝에 획득된 것으로 하나는 획기적인 임금 인상이고 다른 하나는 '도급제의 월급제'로의 전환이다. 노조의 역량에 의해 임금체계가 도급제 노동에까지 그 영향이 미쳐진 것이다.

완화되었다. 착취적 노사관계가 '계약관계'로 바뀌었기 때문이다. 하지
만 계약관계로의 전환이 '노동자의 삶의 질'을 높이지는 못했다. 이 같
은 사실은 중요한 시사점을 던지고 있다. '업주의 악덕'이 노동자를 궁
핍하게 한 것이 아니라는 것이다.

『평전』에 나오듯이 미싱사, 미싱보조, 견습공의 경우 대부분이 정액
월급제가 아니라 작업량에 따라 지불되는 도급제였다. 그리고 많은 경
우 시다와 미싱보조의 임금은 업주가 직접 지불하지 않고 오야 미싱사
가 지불했다. 『전태일 평전』은 이에 대해 근로기준법상의 '임금직불 원
칙'에 위배되는 것으로 이로써 시다와 보조공의 저임이 구조화되었다
고 주장했다. 틀린 지적은 아니지만 생산양식과 고용형태는 시장에서
'내생적'으로 결정되는 측면이 강하다. 당시 청계 피복시장에서 노동
조합이 활성화되지 않았던 이유는 업주의 방해와 당국이 무관심해서
가 아니라 봉제 생산의 특성 자체가 노조활동을 펼치기에 좋은 조건이
아니었기 때문이다.

전태일이 청계 노동현장에 종사했던 1960년대 말부터 1970년까지
청계 피복시장은 '완전경쟁 시장'에 가까운 것으로 판단된다. 노동조
합이 결성되지 않았고 노동 법제가 미처 정비되지 않아 정부의 노동시
장 개입이 최소화 됐다. 업주는 경쟁에서 도태되지 않기 위해 생산방
식을 유연하게 하고 위험을 최대한 분산했다. 결과적으로 청계피복 노
동시장은 유연하고 효율적으로 작동했다. 그렇기 때문에 청계피복시
장은 짧은 시기에 크게 규모를 키울 수 있었다. 70년대 중반 평화시장

의 노동자는 최대 2만8천 명으로 추정된다. 평화시장 주변의 소규모 봉제공장을 묶어 '한 개의 기업'으로 의제시키면, 최고의 부가가치를 창출한 초대형 기업이 아닐 수 없다. 고용기회가 그리 많지 않던 그 당시의 현실을 감안할 때 청계피복 시장은 한국경제 성장을 이끈 견인차였다.

10. 요약 및 결론

『전태일 평전』을 읽을 때 주의해야 할 것은, 평전의 저자인 조영래 변호사의 생각이다. 전술한 대로 그는 한 번도 계급투쟁 같은 노골적인 용어는 사용하지 않았다. 하지만 그의 사고는 마르크스적이었다. 조영길 변호사는 조영래가 『전태일 평전』을 저술하면서 견지한 유물론에 기초한 계급투쟁 이론을 다각도로 비판하고 있다. 『전태일 평전』을 오독하지 말아야 하는 이유는, 그 기저에 깔린 마르크스 경제철학을 제대로 간파해야 한다는 것이다.

계급투쟁주의 이념은 자본주의 체제에서 생산수단을 소유하지 못한 계급과 생산수단을 소유한 계급 사이에서 이해관계의 충돌은 필연적인 것이라고 본다. 어느 한 계급의 이익은 다른 계급의 손해가 될 수밖에 없다고 인식한다. 그리고 정의란 모든 사람들의 이익을 공정하고 타당하게 보호하는 것이 아니라 소수의 지배자인 자본가계급의 이익을 버리고 다수의 피지배자인 노동자계급의 이익을 추구하는 것이라고 이해한다. 상대적이고 당파적인 철학관을 타당하다고 믿으면, 다수의 사회적 약자의 최대이익 추구와 보편타당한 원칙이 충돌하는 경우 보편타당한 원칙을 버리는 것이 마땅하다는 입장을 견지하게 된다. 다수의 이해관계를 타당성보다 앞세우는 관점이다.

상대적 당파적 철학관의 기초를 이루는 3대 원천은 변증법적 유물론, 유물사관(계급투쟁 사관) 그리고 정치경제학이다. 하지만 마르크스 이론은 '경험론적으로' 사회주의 체제의 종식과 더불어 용도폐기 됐다고 봐야 한다.

인간의 의식은 유물론에서 이야기하듯 물질적 존재인 환경의 지배를 받는다. 하지만 인간은 물질적 존재인 환경의 영향력으로부터 독립할 수 있는 자유로운 힘도 가지고 있다. 빅터 프랭클은 인간의 자유의지를 이렇게 웅변하고 있다.

"강제수용소가 인간으로부터 많은 자유를 빼앗아갈 수 있어도 단한 가지, 마지막 남은 인간의 자유, 주어진 환경에서 자신의 태도를 결정하고 자기 자신의 길을 선택할 수 있는 자유만은 빼앗아갈 수 없다는 것은, 이것이 옳다는 것을 입증하기에 충분한 진리이다."

자유를 가진 인간의 의식이 그 폭력 앞에 자신의 자유를 넘겨준다는 결정을 하지 않는 한, 인간의 자유로운 의식을 지배하지 못하는 것이다. 유물론의 기반이 붕괴되면 마르크스 사회주의 이론은 와해될 수밖에 없다. 마르크스 계급투쟁이론에 경도된 조영래 변호사의 시각은 마땅히 교정되어야 한다.

다시 전태일로 돌아가자. 전태일은 불우한 환경에 좌절하지 않고 열악한 환경에 놓인 사람들에 대한 사랑을 키우고 그들의 처지를 개선하려고 집요하게 노력했다. 그리고 그는 분신까지 했다. 그는 자신의 불우한 처지를 '사회 탓'으로 돌리지 않았다. "과거가 불우했다고 과거를 원망한다면 불우했던 과거는 영원히 너의 영역의 사생아가 되는 것이 아니냐"고 늘 반문했다.

70년대에는 사회의 무관심과 악덕 업주의 방해 공작으로 노조활동이 제약되어 저임금일 수밖에 없었다고 치자. 하지만 전태일 분신 이후 그리고 1987년의 87체제 이후 노조활동이 만개했다. 그렇다면 평화시장 노조원의 살림형편은 크게 나아졌어야 한다. 노동조합이 합법화됐음에도 불구하고 봉제 산업 종사자의 임금과 노동조건은 그리 개선되지 않았다. 봉제 산업에서 노조가 안정된 일자리와 소득을 가져다주는 충분조건일 수는 없다. 봉제산업이 장치산업일 수 없기 때문이다.

전태일이 노동현장에 종사했을 때 이미 '객공제, 갯수급, 소사장제' 등이 상당 정도 일반화되었다. 통상적으로 미싱보조와 시다의 임금은 업주가 직접 지불하지 않고 오야 미싱사가 지불했고, 그 결과 보조공과 시다는 저임을 피할 수 없었다. 이는 분명 근로기준법 상의 '임금직불 원칙'에 위배되는 것이다. 하지만 고용형태와 임금지불 제도는 당해 산업의 특성을 반영한 '시장의 자생적 산물'이기 때문에, 노동조합을 만든다고 해결될 성질의 문제가 아니다.

87체제로 노조활동이 활성화되면서 평화시장에도 도급제의 월급제로의 전환, 기본급 도입, 객공의 월급화, 근속수당 도입 등이 이슈화됐다. 하지만 80년대 후반의 급속한 '수직적 하청생산' 확산으로 고용관계가 크게 변했다. 많은 피고용자가 영세사업장의 사업주로 변했다. 이로써 사업장 내에서의 노사관계의 틀에서 결정되었던 임금 및 고용형태 등이 하청 네트워크를 통해 '자본대 자본'의 관계의 틀에서 결정되게 되었다. 이는 저임금과 통제에 따른 장시간 노동에서 하청관계의 위계열위 및 낮은 단가에 따른 장시간 노동으로의 전환을 의미한다. 뿐만 아니라 사업장 단위가 더욱 소규모화 되면서 사회보장 혜택의 미(未)적용지대에 잔류하게 되었다.

문제의 본질은 『전태일 평전』이 그토록 성토한 '업주의 악덕'이 아닌 시스템과 제도의 문제인 것이다. 그리고 시장의 자생적 산물로서의 관행적 제도는 시장의 특성을 뛰어넘을 수 없다. 봉제 산업의 특성상 노조가 쉽게 만들어질 수 없었고, 설령 만들어진다 해도 노조활동이 활성화될 수 없었다. 결국 『전태일 평전』은 악덕 업주라는 '허수아비'를 공격한 것이다. 청계 근로자에 대해 노예 운운한 것은 논리 비약이 아닐 수 없다.

전태일의 분신은 노동운동의 기폭제가 됐다. 하지만 봉제노조는 그 열매를 따지 못했다. 대신 87체제 이후 대규모 장치산업, 공기업 등 대형 사업장의 노조가 그 과실을 따갔다. 대형 노조는 귀족노조로 불릴

만큼 '이기적'이다.[48] 우리나라 대형 노조는 '해고는 살인'이라는 표현을 마다하지 않는다. 일자리가 그만큼 중요하다는 것일 것이다. 하지만 여기에는 '불편한 진실'이 숨어 있다. 만약 노동시장이 완전 경쟁적이면 노동자는 '기회임금'(opportunity wage)을 받는다. 해고가 살인이라는 것은 "현재 받는 임금을 다른 직장에서 받을 수 없다"는 것을 의미한다. 이는 노조의 독점력에 기대어 '생산성 이상'의 임금을 받아왔다는 것이다. 하지만 어떤 경우에도 생산성 이상의 임금은 지속가능하지 않다. "정규직이 비정규직의 몫을 가져갔다"란 가설을 세운다면 이를 결코 기각하지 못할 것이다. 지금 우리나라 노동조합은 '노동자 계층'의 처지를 개선하기 위해 운동하는 것이 아니라, '조직된 노동자'의 공동이익을 위해 싸울 뿐이다. 정규직과 비정규직 대립이 이를 웅변하고 있다.

전태일은 재단사가 되기로 결심하면서 임금 손실을 경험한다. 높은 월급의 미싱사를 포기하고 낮은 월급을 받는 재단보조공으로 자리를 옮긴다. 그렇게 하는 것이 자신의 평화시장 어린 여공에 대한 '인격적인 의무'를 수행하는 길이라고 생각했기 때문이다. 불의한 기업주의 횡포, 억압과 불의에 저항하여 무언가 싸움에 나서는 것이 올바른 길이라는 것을 깨달았다. 전태일은 재단사로서 자신의 이익만을 챙기려 하지 않았다. 그가 모범기업을 만들려고 했던 이유는 양심적으로 운영하기만 하면 시다에게도 '충분한 월급'을 줄 수 있다고 믿었기 때문이

---

48) '조직할 수 있는 10%의 노동자'가 '조직할 수 없는 90% 노동자'의 이익을 침탈하고, 노동시장에 이미 진입한 노동자(insider)가 앞으로 진입할 예비노동자(outsider)의 이익을 훔치는 '불편한 진실'을 직시해야 한다.

다. 재단사와 재단보조공만 챙기려고 노조를 만들려고 한 것이 아니다. 전태일이 다시 태어나 지금의 정규직 비정규직의 갈등을 보면 어떤 생각을 했을가를 떠올려 본다. 지금의 노조에 '전태일 정신'은 살아 있는가? 자신할 수 없다.

마르크스주의자는 산업혁명 이후 전개된 사회를 '자본주의'라 부르며 그 사회는 부유한 자본가만을 위한 사회라고 했다. 자본주의는 자본가만을 위한 사회이고 돈에 최고의 가치를 두는 사회라고 주장했다. 70년대 평화시장의 여공의 삶을 목도하면서 일각에서는 자본주의 모순을 외쳤을 수도 있다. 『전태일 평전』의 기저에 흐르는 사고는 반시장적이고 반자본주의적이다. 전태일보다 조영래의 사고가 더 그럴 수도 있다.

당시 평화시장 여공의 삶이 궁핍했던 것은 누가 착취를 해서가 아니라 그 이전 시대로부터 가난을 물려받았기 때문이다. 여공의 삶의 한 단면만 보고 당시를 착취사회로 몰고 가서는 안 된다. 그 같은 가난은 일거에는 아니지만 조금씩 극복됐다. 평화시장을 통해 부를 축적한 사람들이 평화시장 노동자의 삶의 처지를 개선시켰음을 부정할 수는 없을 것이다.

누가 청계시장의 피해자인가. 여공이 피해자인가. 아니다. 그들은 나름의 '성공 사다리'를 탔다. 돈을 벌어 가족을 부양했고, 기술을 배웠으며, 일부는 자신의 사업을 일구었다. 만약 당시 평화시장 여성노동자의 현재의 삶을 추적한다면, 그들은 거의 대부분 중산층 이상에 속해 있을 것이다. 여공으로 일해 벌어 놓은 돈이 밑천이 돼서만은 아닐 것이다. 가난과 맞서면서 키운 '시장에서의 전투력'이 그녀들을 일으켜 세웠기 때문일 것이다.

평화시장은 이제 아스라한 역사 속의 추억이 돼버린 것 같지만, 이는 표피적인 관찰일 뿐이다. 밀리오레 등 동대문 패션타운이 하늘에서 갑자기 떨어진 것은 아니다. 그 기저에는 '평화시장의 DNA'가 면면히 흐르고 있다. 세계 의류시장의 대세를 이루는 SPA브랜드, 즉 디자인·생산·유통·판매를 제조회사가 맡는 의류생산 양식은 평화시장이 원조이다. 평화시장은 저임과 착취로 점철된 잊혀져야 할 대상이 되어서는 안 된다. 만약 그렇다면『전태일 평전』의 부정적 기여가 큰 몫을 했을 것이다.『전태일 평전』은 시종일관 격하게 쓰여졌다. 80년대 대학생의 눈물을 쏙 빼놓기에 그리고 주먹을 불끈 쥐게 하기에 충분할 정도로 호소력 있게 쓰여졌다. 하지만 문장력이 본질일 수는 없다.

『로마제국 쇠망사』를 저술한 역사학자 에드워드 기번(Edward Gibbon)은 '바람과 파도는 언제나 가장 유능한 항해사의 편'이라고 했다. 평화시장의 어린 여공들은 인생여정에서 나름의 유능한 항해사였다. 악조건에 굴하지 않고 스스로의 운명을 개척했다. 평화시장을 '삶의 터전'으로 삼고 흘린 가녀린 어린 여공의 땀과 눈물이 오늘날 우리가 누리는 번영의 일부를 설명하고 있다. 그리고『전태일 평전』에서 그렇게 성토의 대상이 된 '악덕 업주'도 유능한 항해사였다. 그들도 악착같이 돈을 벌어 자본축적에 일조했다. 그리고 청계여공의 삶의 처지를 개선시킨 것은 역설적으로 악덕 업주들 간의 치열한 경쟁이었다.

　우리는 혹여 전태일의 시대상황과 전태일의 고귀한 정신을 오독(誤讀)하고 있는 것은 아닌지 깊이 성찰할 필요가 있다.

3

누가 전태일을
이용하는가

신화는 어떻게 만들어지는가?

김용삼 / 동원대 특임교수

전태일에 대해 귀가 못이 박히도록 들었던 시기는 대학 재학 중이 아니라 엉뚱하게도 경기도 대변인 시절이었다. 당시 경기도지사는 한 시절 노동운동으로 '한국의 레닌'이라는 별명을 가졌던 김문수였는데, 김문수 지사와 전태일은 떼려야 뗄 수 없는 관계였다.

김문수 지사는 전태일이 청계천에서 분신한 후 그의 영향을 받아 서울대 상대를 중도에 그만두고 청계피복공장 재단보조공으로 노동운동을 시작했다. 후에는 전태일 기념사업회 사무국장으로 활동했다. 공장 노동자 시절을 회상하며 김문수 지사는 "하루 종일 또또 치는 것이 너무 힘들었다." "노동자들의 인권과 근로기준법을 위해 노력했다"는 무용담을 지인들에게, 그리고 기자들을 만날 때마다 자랑스럽게 말하곤 했다. 다음은 김문수의 자서전 『나는 아직도 넥타이가 어색하다』 중의 한 대목이다.

'우선 재단사가 되어야겠다고 계획하고 청계천 신평화시장 꼭대기에 있는 신평화복장학원에서 재단을 좀 배우고 난 뒤 나는 동문시장에 재단 보조로 취직을 했습니다. 그러나 학원에서의 재단 공부란 도무지 아무짝에도 쓸모가 없다는 게 금방 드러났고, 재단사는 내게 재단을 가르쳐 줄 생각은 꿈도 꾸지 않으면서 하루 온종일 옷에다 구멍을 매고 쇠를 박는 "또또"만 치라고 하는 것이었습니다. 같이 일하던 열여덟 살짜리 보조아이는 어떻게나 또또를 빨리 치는지 나는 도저히 따라갈 엄두조차 나지 않았습니다.

그에 비해 스물다섯 살이나 먹은 나는 아무리 빨리 치려고 해도 잘 되지가 않고 계속 재단사한테 욕만 바가지로 얻어먹을 수밖에 없었습니다. 그때 처음으로 나는 겸허해지는 자신을 느낄 수가 있었습니다. 영어나 수학이나 기타 다른 공부는 잘했을지 몰라도 옷을 만들거나, 또또 치는 데는 나는 열등생이구나 하는 생각이 들었던 거죠.

공장에서 하루 온종일 지겨운 또또만 치다가 한 달이 돼서 필자가 받은 월급은 단돈 만원.

그 만원 가지고는 도저히 살아갈 수가 없었습니다. 은행 다니는 형님 자취방에 얹혀서 함께 살고 있었기에 망정이지 나 혼자 자취를 해야 하는 형편이라면 또또고 뭐고 굶어죽기 딱 알맞을 것 같았습니다.

도저히 이래서는 죽도 밥도 안 되겠다는 생각이 들어 또또사를 때려치우고 다시 통일상가에 재단보조로 들어가 보았습니다. 이번에는 또 시아게만 죽어라고 하다가 일을 잘못해서 쫓겨나고, 딴 데 가니까 또 또또를 치라고 하여 나는 다시 곰곰이 생각해 보았습니다. 여기는 내게 적합지 않다, 노동조합도 있고 사람도 있으니까 나는 딴 데를 가자, 이게 내가 얻은 결론이었습니다.'

김문수 지사는 2012년 6월 2일 경기도지사를 그만둔 후 평화시장을 찾았는데, 이날 청계평화시장과 봉제공장 등을 둘러본 후 전태일 동상을 방문했다. 당시 그의 평화시장 방문을 보도한 한 인터넷 기사는 다음과 같이 그 정황을 전하고 있다.

'전태일 열사는 김문수 지사가 노동운동에 헌신할 수 있도록 원동력을 제공해 준 마음속의 영원한 선배님이다. 5·18민주화 운동 기념식 날에 전태일 열사의 어머니 이소선 여사도 뵙고 안부를 여쭈었었는데 이제 그런 어머니마저 세상을 떠나 오늘 김문수 지사의 마음은 더욱 안타까웠을 것이다. 하지만 그럴수록 마음을 다시 다잡을 수 있었지 않을까?

동상 옆에서 생각에 잠긴 김문수 지사의 모습은 허물어지고 다시 세워지고 또다시 낡아가는 동대문 평화시장 건물들 사이에서 40여 년 전, 독재의 그늘 아래에서 자유를 소망하던 "청년 김문수"를 그리는 듯했다. 그리고 시장 상인들의 입가에 늘 미소가 떠나지 않는 나라가 되기를, 분열을 넘어 하나 된 통일 강대국의 대한민국을 만들겠노라 다짐을 하는 듯 보였다.'(http://blog.naver.com/weeklypaper1/159058308)

김문수 지사의 입에서는 "근태 형(김근태)", "영복이 형(신영복)"이 무시로 튀어나왔고, 가장 존경하는 사람 중의 하나로 '영복이 형'을 꼽았다. 김문수 지사 앞에서 신영복의 좌익 이념을 비판하면 "당신들이 영복이 형을 잘 몰라서 그래. 그 사람 절대 그런 사람 아니야"라고 단호하게 반박하고, "박노해에게 시집을 내라고 권한 것이 바로 나"라고 말하고 다닌 사람이 김문수였다.

전태일 신화의 탄생

"우리는 기계가 아니다! 일요일은 쉬게 하라!" "내 죽음을 헛되이 하지 말라"는 유언을 남기고 자살한 전태일은 김문수 같은 운동권 청년들에게는 '빛나는 훈장'이었을 것이다. 전태일을 통해 노동자를 착취하는 자본주의의 포악성이 적나라하게 터져 나왔고, 나이 어리고 순진하며 때 묻지 않은 '순수 영혼' 전태일은 자본주의의 포악성에 분신으로 저항한 고귀한 희생양이 되었다.

사실 전태일이 분신이라는 극단적 선택을 하기 전까지, 그리고 조영래 변호사라는 지식인이『전태일 평전』을 쓰기 전까지는 그의 존재를 기억하는 사람이 별로 없었을 것이다. 전태일은 죽어서 이름을 남긴 사람이 되었다. 그리고 그의 죽음은 한국 노동운동을 새로운 차원으로 변모시켰다. 김문수 같은 서울대 재학 중이던 수많은 지식 청년들이 학교를 그만두고 노동운동에 투신하도록 했고, 전투적인 노동운동을 확산시켰으며, 1995년에는 민주노총 출범의 계기가 되었다.

그런데 류석춘 교수의 발제문 '『전태일 평전』의 3가지 함정: 착취? 대학생 친구? 동시대인의 선택?'을 보고 새로운 사실들을 접하게 되었다. 조영래가 쓴『전태일 평전』의 1983년 초판에 의하면, 석유를 뒤집어 쓴 전태일에게 성냥불을 붙인 사람이 가명으로 등장하는 김개남이라고 기술하고 있다는 점이다. 전태일은 김개남의 도움을 받아 분신했다는 사실을 후속 판부터는 왜 애매모호하게 기술해 놓았을까?

또 전태일에게 외부세력의 접근이 있었다는 점, "전태일이 분신할 때 곁에 있었으며, 전태일은 미국 샌디에이고에 있는 이승종 목사가 교육시켰다"는 양국주의 증언(조선일보 2009년 10월 31일 기사)을 보면, 전태일은 운동권들이 벌인 '죽음의 굿판'에 희생물로 바쳐진 것이 아닌가 하는 의문을 가지게 만든다.

그를 '죽음의 굿판'으로 내몬 세력들의 존재를 밝혀내고 인과관계를 밝혀내야 할 책임이 있는 사람들은 모두 침묵하는 사이 좌파 지식인과 언론인들이 전태일의 분신을 미화 찬양하고, 운동권들이 우상으

로 띄우고, 노동자들이 본받아야 표상으로 추켜세우는 작업이 일사불
란하게 진행되었다. 그 결과 오늘과 같은 거대한 신화가 형성되었고
그 신화의 진실에 어느 누구도 범접할 수 없는 철옹성이 건설됐다.

천재 신화의 형성

필자는 월간조선 기자 시절 김웅용이라는 IQ 210의 천재가 범재(凡
才)가 되어 충북의 한 지방대학을 나와 조교로 활동하고 있는 사실(현
재는 신한대 교수)을 추적하여 거짓된 신화가 어떻게 창조되는지를 폭
로하는 기사를 쓴 적이 있다.

김웅용은 언론에 의해, 그리고 부모에 의해, 처절하게 뻥튀기 되었
다. 지금도 회자되는 김웅용
에 대한 대략의 보도 방향은
다음과 같다.

'그는 1살 때 한글을 이틀
만에 떼고 3살 때는 그가 쓴
글과 그림을 모아 책을 펴냈
다. 5살 때는 영어·프랑스어
·독일어·일본어 등 4개 국
어를 구사할 줄 알았으며, 6

살 때는 미적분을 풀어내며 세상에 놀라움을 안겨줬다. 그리고 8살 되던 해 그의 천재성을 인정한 미국항공우주국(NASA)의 초청을 받고 미국으로 건너가 유학을 하며 나사 선임연구원으로 활동했다.

뿐만 아니라 그를 시험해 보기 위해 일본 후지 TV에서 실시한 IQ 테스트에서 그는 210이라는 기록적인 수치를 기록하며 기네스북에 등재되며 세계적인 천재로 인정받았다.'

추적을 해보니 이 모든 내용이 사실과 달랐다. 그는 일본 후지 TV는 물론 어떠한 공인된 IQ 테스트도 받은 적이 없다. 언론이나 전문가들이 IQ 테스트를 요청하면 부모들이 결사적으로 방해하고 훼방을 놓았기 때문이다.

그렇다면 IQ 210의 천재는 어떻게 탄생된 것일까. 당시 조선일보 동경특파원이었던 신동호 기자(후에 그는 조선일보 편집국장을 역임했다)가 일본 후지 TV에 출연한 김웅용이 미적분을 척척 풀자 참석했던 대학 교수가 "유치원생이 고교생 정도의 수학문제를 푸는 것을 보니 IQ가 210정도는 될 것 같다"는 발언을 보도하면서 와전된 것이다.

김웅용의 아버지는 물리학자, 어머니도 대학교수였다. 아버지가 나에게 털어놓은 이야기에 의하면, 아들에게 미적분을 푸는 방법을 기계적으로 달달 외도록 해서 풀었던 것이다. 나이가 점점 들면서 부모는 자기 아들이 암기를 약간 잘 하는 아이였을 뿐 천재가 아니라는 사실을 확인하게 되었다. 그런데 세상에는 희대의 천재로 알려졌으니 부모는 계속 그를 숨겨야 했고, 그럴수록 신화는 걷잡을 수 없이 부풀려졌다.

어느 언론도 김웅용의 진짜 IQ가 210인지 아닌지 확인해보지 않았고, 모두가 "김웅용 IQ가 210이야"하니 그대로 따라 믿었을 뿐이다.

쇠말뚝 신화

일제가 박은 쇠말뚝 해프닝도 신화 만들기의 전형적 패턴에 속한다. 사실 국내에서 발견되어 제거된 쇠말뚝들은 100% 일제가 풍수침략을 위해 박았다는 증거가 하나도 없다. 김영삼 정부 시절 전국에서 18개의 쇠말뚝을 제거했는데, 필자가 쇠말뚝 발견 현장에서 확인한 바에 의하면, 모두가 해방 후 우리나라 사람들이 박은 것이었다.

군부대가 통신 안테나를 세우기 위해 박은 것, 산꼭대기에서 나무를 벌목한 다음 산 아래로 내리기 위한 철선을 설치하기 위해 박은 것, 주민들이 강가에 뱃줄을 묶어두기 위해 박은 것 등등으로 밝혀진 것이다.

이런 쇠말뚝이 일제 풍수침략용이라고 판정을 내린 사람은 해당 지역의 무속인이나 역술가, 풍수가들이었다. 정부 공무원들은 이런 사람들에게 판정을 맡긴 것이다. 어느 학자도, 어떤 언론도 이런 사실을 현장에서 확인조차 하지 않고 무속인이나 풍수가들의 "간악무도한 일제가 풍수침략을 위해 이 나라의 혈맥을 끊기 위해 박은 쇠말뚝"이라는 요설에 속아 넘어갔다.

필자가 이 사실을 폭로하는 기사를 게재하자 천안 독립기념관에 전시하고 있던 쇠말뚝이 슬그머니 치워졌고, 이 사실을 일본 산케이신문이 취재하여 사회면 톱으로 보도했다.

선동의 레토릭

선동이란 공산주의와 파시즘 등이 대중을 군중심리로 몰아가고 우민화시켜 자신들의 정책이나 생각, 방법이나 주장을 교묘히 현실화하고 거짓을 사실로 받아들이도록 만드는 기술이다. 즉, 수많은 거짓에 한 가지 진실을 보태 대중을 자신들이 의도한 방향으로 몰아가는 사악한 전술이다. 따라서 공산주의자들은 선전선동을 강력한 정치교육의 수단이자 대중투쟁의 뇌관으로 대단히 중시한다.

레닌과 스탈린, 히틀러와 괴벨스, 모택동 같은 희대의 선전선동꾼들이 이론화한 방법론에 의해 전태일 신화 만들기를 분석해 보면 다음과 같은 레토릭이 발견된다.

"거짓말도 계속 되풀이하면 사람들은 처음에는 부정하고, 나중에는 의심하지만, 결국은 믿게 된다."

"선동(거짓말)은 단 한 문장으로 가능하지만, 이것을 반박하려면 수십 장의 문서와 증거가 필요하다."

우리는 숱한 난관을 뚫고 열심히 살아서 성공한 수많은 성공사례들은 마다하고 '분신자살'이라는 극단적 선택을 한 한 젊은이의 죽음을 영웅화하고 추앙하고 있다. 그런데 그를 죽음으로 내몬 '자본가들의 가혹한 착취'는 사실과는 전혀 다른 선동이라는 사실이 박기성 교수의 발제문 '근로기준법이 전태일을 죽음으로 몰고 갔다'를 통해 밝혀졌다.

일반인들은 『전태일 평전』을 통해 만들어진 신화를 기억할 뿐이다. 그것이 사실인지 아닌지 확인해보려는 노력조차 없었다. 그러는 사이 잘못 알려졌거나, 의도적인 목적으로 가공했거나, 혹은 선전선동을 위해 부풀려진 내용들이 무차별로 확대 재생산되어 오늘에 이르렀다.

중우(衆愚)정치의 본질, 민중주의 포퓰리즘의 본성을 가장 먼저 정확하게 꿰뚫어 본 집단이 공산주의자, 전체주의자, 나치 히틀러 일당이고, 이를 그대로 전수받은 북한, 그리고 북한을 추종하는 남한 내의 좌익과 종북 세력들이다. 이런 세력들이 수없이 써먹는 수법에 더 이상

속아 넘어가지 않기 위해 일전에도 한 번 소개한 바 있는 히틀러의 선전선동 수법을 소개하는 것으로 원고를 마무리를 하고자 한다.

① 추상적인 관념 따위는 피하고 감정에 호소하라.

② 끊임없이 정해진 문구를 반복한다. 문구는 객관적이지 않아도 된다. 논의의 한 측면만을 기술하여 적을 격렬히 비난하되, 항상 특정한 적을 하나씩 정해야 한다.

③ 언어적, 시각적으로 끊임없이 반복하라. 특정한 속죄양을 정해서 비난하고 낙인찍는다는 원칙을 일관되게 수행한다.

④ 선전선동을 통해 공포감, 주저, 곤혹 등을 느끼게 하는 방법으로 적의 사기를 누르되, 단일한 목표를 향해 단기간에 집중적으로 선전을 실시하라.

⑤ 전체 중에서 사소한 일부분의 잘못이나 실수를 끄집어내 그것을 무기로 전체를 다 부정하고, 잘못된 것이라고 뒤집어씌워라.

'아름다운 청년' 전태일을 만들어낸
조영래를 둘러싼 가짜 신화

조우석 / 문화평론가

분신 노동자 전태일은 각급 학교 교과서에 이름을 올린 지 오래됐고, 한국의 위인 100인 중의 한 명이다. 그 바람에 산업화에 힘을 보탠 많은 이들의 역사적 무게보다 22살의 나이에 죽음을 자초했던 노동영웅 전태일의 비중을 더 높이 치는 이 나라의 뒤집힌 현실이 나는 숫제 두렵기조차 하다. 문제는 그게 구조화된 점이다. 종종 지적해온 대로 '지식-정보의 총체적 오염' 형태로 완강하게 똬리를 틀고 앉은 게 지금의 상황이다.

일테면 전국 255개 초중고 도서관에 있는 350만 권의 장서를 점검했던 교육전문가 조형곤이 제시했던 통계를 재확인해보라. 350만 권 장서 중 이승만 건국대통령에 관한 책이 고작 96권에 불과하니 차라리 희귀도서에 속하지만, 김구는 무려 4,800여 권이나 됐다. 놀랍게도 전태일 책은 당당 1,800여 권에 달했다. 죽은 전태일은 부활해 노동의 신(神) 반열에 올랐고, 그걸 넘어 정치적 상징 인물로 등극했다. 그걸 새

삼 보여줬던 게 2012년 대선 당시 집권당 후보였다. 당시 야당의 과거
사 공세에 내몰리던 박근혜 후보는 이렇게 밝혔다.

전태일, 노동의 신(神) 반열에 오르다

"정치에서 목적이 수단을 정당화할 수 없음은 과거에도 그렇고 앞으
로도 그래야 할 민주주의 가치입니다. 그런 점에서 5.16, 유신, 인혁당
사건 등은 헌법 가치가 훼손되고 대한민국의 정치발전을 지연시키는 결
과를 가져왔다고 생각합니다. 이로 인해 상처와 피해를 입은 분들과 그
가족들에게 다시 한 번 진심으로 사과드립니다."

그 발언 이후 박근혜 후보는 세 곳을 찾았음을 우린 기억한다. 우선
김대중 묘소를 참배했고, 노무현의 봉하마을도 찾아갔지만, 서울 청계
천의 전태일 동상을 보러 가는 행보도 잊지 않았다. 노동권력 전태일
의 위상은 그 정도다. 그런 전태일은 '아름다운 청년'으로 포장돼 영화
를 포함한 다양한 문화상품, 정치상품으로 팔려나간다. 정말 속상한
건 이 과정에서 잘못된 전태일 관련 정보에 오염돼 끝내 망가지는 이
땅의 청춘들인데, 이들은 전태일을 성자(聖者)로 추앙한 장기표 식의
찬양에 끝내 함몰되고 만다.

실제로 장기표는 『전태일 평전』 뒤에 실은 글을 통해 전태일이 단순
한 투사가 아니라 "가히 성자의 인품을 그대로 갖추고 있는"(평전 332

쪽) 사람으로 띄웠다. 호들갑이 몸에 밴 그는 『전태일 평전』을 "이 시대의 성전(聖典)"이자 "전태일 복음서"(335쪽)라고까지 규정했다. 그리고 "바울이 없었더라면 예수가 없었을 것"이라는 요란한 표현과 함께 평전을 쓴 변호사 조영래를 떠받들었다. 이런 판단에 나는 전혀 동의할수 없는데, 기회에 묻는다.

아름다운 청년 전태일을 둘러싼 신화를 발명해낸 조영래도 문제인데, 그는 세상에 알려진 것만큼 균형 잡히고 멀쩡했던 지식인이 맞는가? 그를 둘러싼 의구심을 두 가지 꼽자면, 우선 20대 설익은 시절 짧은 생각으로 『전태일 평전』을 썼고 그 '불량 평전'의 여파로 지금의 구조적인 해악, 즉 지식-정보의 총체적 오염에 일조한 장본인이다.

둘째 그는 속물 리버럴리스트의 한 명이라서 민주화 굿판으로 날새는 지금의 한국 사회를 만든 사람의 하나로 지목해야 옳다. 폐암으로 사망하기 직전 몇 해 그는 민주화가 순수성을 잃은 채 좌파 이념에물드는 현상을 걱정했다지만, 그렇다고 1980년대 전후 대표적 지식인이자 활동가로서의 과오가 덮어지는 건 아니다.

우선 조영래가 쓴 『전태일 평전』 자체가 문제다. 무엇보다 "이 시대의 성전(聖典)"이자 "전태일 복음서"라고 이름 붙이는 것부터 부당하다. 부당해도 너무나 부당한데, 우선 내용이 너무 교조적이고 일방적이다. 장기표 식의 표현대로라면 『전태일 평전』은 "인간해방과 사회개혁을 위한 전태일의 투쟁", 그리고 "투쟁 이전에 그의(전태일의) 진실되고 아름답고 성스럽기까지 한 삶"을 담았는데, 그건 특정 목적을 감춘 노동영웅 만들기 프로젝트라는 자백과 다름없다.

3류 평전 〈전태일〉, 그걸 쓴 조영래의 과오

일상 속에 살아있는 숨 쉬는 인간, 실물크기의 20대 초반 근로자 전태일의 모습은 이 과정에서 의도적으로 지워지고 은폐됐다. 조영래 식의 싸구려 이분법도 『전태일 평전』을 읽는 젊은 독자들을 오염시키는 결정적 요인이다. 세상의 모든 것을 선과 악, 옳고 그름으로 나누는 기계적 이분법은 이 평전 전체를 흐르는 논리인데, 10대 독자의 피를 끓게 할 수는 있어도 다른 사람에게는 역효과를 줄 뿐이다. 일테면 조영래가 '전태일 사상'이라고까지 명명한 "각성된 밑바닥 인간의 사상"(198쪽) "감동적인 민중관(觀)"이라고 설명한 대목만 봐도 그렇다.

어느 날 아침 전태일은 사과 광주리를 머리에 인 채 시내버스를 타려고 차장과 실랑이하는 한 아주머니 모습을 봤다. 그게 전부다. 당시 자주 봤던 광경이고 일상적인 서울시내의 풍경일 수 있지만, 그걸 목도하는 충격을 전후해 전태일은 이른바 "각성된 밑바닥 인간의 사상", "감동적인 민중관"의 전환을 겪는 걸로 평전은 2페이지에 걸쳐 장황하게 묘사하고 있다. 아주머니 모습을 보며 전태일은 급기야 통곡을 한다. 실랑이했다는 게 당시 상황의 전부다. 몸싸움으로 번졌다거나 버스에 올라타려다가 굴러떨어지는 등 불상사가 벌어진 것도 아닌데도 뜬금없이 통곡을 했다?

조영래의 묘사 능력 부족으로 설명이 짧거나, 아니면 지어낸 억지스러운 얘기란 느낌을 피할 수 없다. 어색함을 넘어 황당한 상황 설정이 아닐 수 없는데, 가관은 그 다음이다. 전태일은 그 장면을 목도한 뒤 "무슨 죄가 있단 말이냐? 저 약하고 어질고 꾸밈없는 한 인간"에 대한 연민을 표시했다는데, 다음의 이어지는 군더더기 설명도 어색하기 짝이 없다. 섣부른 논리 비약은 기가 찰 정도다.

즉 사과 장수 아주머니를 본 경험은 "아무리 정직하게 애써도, 아무리 근면 검소 절약했어도 이 권력 있는 자, 부유한 자들이 판치는 사회 현실 아래서는 이렇게밖에 될 수 없지 않았던가?"라는 전태일의 위대한 각성을 낳았다는 것이다. 의인(義人) 전태일 만들기에 열중한 탓에 도무지 납득이 안 가는 운동권 식 논리의 범벅이다. 그리고 사과 장수 아주머니가 이렇게 묘사되는 데에서 20대 조영래의 수준이 한눈에 파악된다. 섣부른 운동권 식 정의감에 들떠 중언부언하는데, 그런 게 평전 전체에 가득하다.

"그것은(아주머니 모습은) 아무 이상도, 희망도, 인간다운 삶의 보람도 지니지 못한 채 그저 버러지 같은 목숨을 이어보려고 아등바등 기를 쓰며 남과 다투며, 때로는 비굴하게, 때로는 매몰차게 이웃을 대하며 살아가는 밑바닥 인생의 모습이었다. 그것은 품위니, 인격이니, 존엄이니 하는 것들과는 담을 쌓고 세상으로부터 철저히 경멸당하는 모습이었다."(198쪽)

평전 모순의 하일라이트, 분신자살

운동권 식 정의감에 중언부언하는 조영래 식 글쓰기의 모순이 가장 극명한 게 분신(焚身) 자살 대목이다. 문장을 갓 익힌 듯한 20대 조영래의 아마추어 글이 문제의 1970년 11월 13일 상황을 매우 모호하고 혼란스럽게 서술하는 데 그치고 있다. 평전의 그 대목을 복기해 보자. 그날 평화시장에서는 500명 전후의 노동자들이 경찰들과 밀고 밀리는 국면이었다. 대열에서 빠져나와 "좀 뒤에 합류한다"던 전태일이 다시 등장한 뒤 바로 분신자살을 감행하는데, 그 대목이 이렇게 묘사돼 있다.

"약 10분 후에 전태일이 근로기준법 책을 가슴에 품고 내려왔다. 전태일이 몇 발자국을 내딛었을까? 갑자기 전태일의 등 위로 불길이 확 치솟았다. 불길은 순식간에 전태일의 전신을 휩쌌다. 불타는 몸으로 그는 사람들이 아직 많이 서성거리고 있는 국민은행 앞길로 뛰어갔다.

'근로기준법을 준수하라!'

'우리는 기계가 아니다! 일요일은 쉬게 하라!'

'노동자들을 혹사하지 말라!'

그는 몇 마디의 구호를 짐승의 소리처럼 외치다가 그 자리에서 쓰러졌다. 입으로 화염이 확확 들이찼던 것인지, 나중 말을 똑똑히 알아들을 수 없는 비명으로 변하였다. 이렇게 근로기준법의 화형식이 이뤄졌다. 쓰러진 전태일의 몸 위로 불길은 약 3분가량 타고 있었는데…"

요령부득의 묘사이고 구체성이 결여된 나쁜 문장의 전형이 아닐 수 없다. 그 중 결정적인 게 "전태일이 몇 발자국을 내딛었을까? 갑자기 전태일의 등 위로 불길이 확 치솟았다. 불길은 순식간에 전태일의 전신을 휩쌌다."라는 대목이다. 이미 몸에 석유나 신나 등을 끼얹은 상황이었을텐데, 그 설명이 송두리째 생략됐다. 그 시점도 애매하다. 석유나 신나 등을 끼얹은 게 근로기준법 책자를 들고 나왔을 때인지 그 직후의 상황인지도 생략됐다. 무엇보다 자신이 직접 뿌렸는지 누구의 조력이 있었는지도 건너뛴다. "갑자기 전태일의 등 위로 불길이 확 치솟았다."라는 요령부득의 설명만 나오니 답답할 뿐이다. 발제자 류석춘 교수는 이렇게 조심스럽게 지적하는데 충분히 의미 있는 문제 제기다.

"이 마지막 결정적 순간에 관해서도 『평전』은 불분명한 대목을 남긴다. 석유를 뒤집어 쓴 전태일에게 불을 붙인 인물이 누구인지를 밝히고 있지 않기 때문이다. 스스로인가? 다른 동료 운동가인가? 동료라면 누구인가? 『평전』은 "내 죽음을 헛되이 하지 말라"는 확인할 수 없는 전태일의 마지막 유언을 강조하며 끝을 맺는다. 2009년 신판으로 출판된 『전태일 평전』의 기록이다. 그러나 1983년 초판 『전태일 평전』은 이 부분의 내용이 전혀 다르다(부록1 및 부록2 참조). 1983년 초판은 이 대목에서 김개남이 성냥불을 붙인 사실을 명확히 기술하고 있다. 그러므로 전태일은 김개남의 도움을 받아 분신하였다. 그렇다면 김개남은 누구인가? 『평전』이 말하듯 이 이름은 가명이다. 그리고 앞에서 추론하였듯 김개남이야말로 학생운동권 출신으로 노동운동 현장에 투신한 활동가 조직원일 가능성이 높다."

류석춘 교수의 글은 전태일 분신이 외부세력이 개입한 기획 분신일 가능성을 조심스럽게 보여준다. 이런 판단은 발제자 남정욱 교수도 마찬가지여서 1990년대 초 '유서 대필' 사건을 시작으로 유행처럼 번지던 운동권 대학생들의 자살을 보고 "죽음의 굿판을 걷어치우라"고 일갈했던 시인 김지하. 그리고 "죽음을 선동하는 어둠의 세력"이 존재하고 있음을 고발한 당시 서강대 총장 박홍 신부의 발언에 훨씬 앞서서 1970년대에 이미 기획 분신이 존재했음을 보여준다. 상식이지만 현대사에서 기획 분신, 기획 살인 혹은 시체팔이의 흑역사를 우리는 선명하게 기억한다.

일테면 대구폭동을 포함한 해방 이후 대형 사건은 반(反)대한민국 성향도 닮은 꼴이지만, 시위 양상도 비슷하다. 결정적으로 '시체팔이'가 그 하나다. 대구폭동의 경우 당시 대구 의대생 최무학 등 5명의 대학생들이 병원에서 콜레라로 죽은 사람들 사체 4구에 흰 시트를 덮은 다음 "이게 대구역에서 경찰에 맞아죽은 사람들"이라며 거짓 소문을 퍼트렸다. 그게 시내를 뒤집어놓았고, 폭동의 불길을 걷잡을 수 없이 키웠다. 논란 속의 전태일은 잠시 건너뛰자. 대구폭동 30여 년 뒤인 광주 5.18 때에는 시체 2구가 활용됐다.

5월 21일 광주역에서 총에 맞고 난자된 상태로 발견된 김재화(당시 25세)-김만두(당시 44세)의 시체를 시민군은 리어카에 실어 끌고 시내를 돌아다녔다. 물론 이들의 시신에서는 나중 카빈총 탄환이 나왔다는 걸 우리는 안다. 그게 계엄군의 소행일 리는 없건만 이후 1990년대 '죽

음의 굿판'으로 연결되는데, 어쨌든 반(反)대한민국 세력들의 시체팔이
는 효과를 상당히 거뒀다.

문제는 다시 조영래로 돌아온다. 분명 기획 분신자살을 둘러싼 실
체적 진실을 알고 있었을 그는 평전에서 의도적으로 은폐한 것일까?
이 점 논란의 여지가 있겠지만, 지금『전태일 평전』330쪽에 보면 출판
사 편집부에서 쓴 글 '개정판을 내면서'의 다음 대목은 충분히 흥미롭
다.

> "저자는 평소에 전태일 열사의 분신 이후 연이어졌던 이 땅의 숱한
> 죽음들을 보면서 행여 이 책이 그러한 죽음들에 어떤 영향을 주지 않았
> 나 자책하는 말을 되뇌이곤 했다고 한다."

외눈박이 지식인 조영래 자체가 멀쩡치 않다

전태일 신화를 발명해낸 조영래 자체가 균형 잡히고 멀쩡했던 지식
인이 맞는가를 점검해 보기 위해 불량도서『전태일 평전』의 문제점과
별도로 속물 리버럴리스트의 한 명인 조영래의 이념 문제를 함께 거론
해야 한다. 조금 전 지적처럼 폐암으로 사망하기 직전 몇 해 동안 그는
민주화가 순수성을 잃은 채 좌파이념에 물드는 현상을 걱정했던 게 사
실이다. 그것은 그의 유고집『진실을 영원히 감옥에 가두어 둘 수는 없
습니다』(1991년 창비 펴냄)에 등장하는 대목이다. 실제로 그런 걱정을
털어놓았다고 원로 언론인 남시욱 전 동아일보 기자는 증언하고 있다.

"사회주의권은 이제 끝나가고 있는데도 우리의 젊은이들은 심지어 내 말까지도 믿으려 하지 않는 것이 안타까운 일입니다.' 이미 2, 3년 전부터 필자를 만날 때마다 (조영래는) 이런 얘기를 했다. 직업상 반체제 인사들과 노동운동가를 많이 접촉하는 그였기 때문에 누구보다도 우리 사회의 저변을 알고 있었다."(366쪽)

민변 창설자의 한 사람인 조영래의 이념적 지향은 속단하기 어렵다. 일찍 죽었기 때문에 추한 모습을 안 남긴 행운아가 조영래이지만 냉정한 판단을 피할 수는 없다. 그가 지금 살아있다면 평소의 성향과 행동반경으로 판단하건대 그는 지금 좌익 원탁회의의 주요 멤버로 활동했을 가능성이 훨씬 더 높다고 봐야 한다. 기본적으로 속물 리버럴리스트이기 때문이다. 또 그를 만나 강력한 영향을 받은 뒤 좌익으로 돌아선 '리틀 조영래'인 현 서울시장 박원순의 경우를 보라. 결정적으로 조영래가 당시 썼던 글이 그의 이념 성향을 가늠케 해준다.

양동안 교수의 '우익은 죽었는가'가 발표됐을 때 조영래는 그걸 반박하는 글을 한겨레에 썼는데, 양 교수를 포함한 대한민국 체제 수호세력을 노골적으로 비아냥댔던 게 그 사람이다. 그들은 '과거의 동굴로 돌아가자는 사람'이자, 민주주의를 압살해온 구체제로의 복귀를 꿈꾸는 '극우세력'에 불과하다는 주장을 제법 독하게 늘어놨다.

"요즈음 느닷없이 대두되는 우익궐기론이나, 그와 맥이 닿은 것으로 보이는 체제수호 움직임을 지켜보면서 그것이…민주화의 도전으로부터 구체제를 방어하려는 움직임이 아닌가 하는 의혹을 품게 된 사람이 적지 않을 줄 안다.… 역대 정권에서 막대한 국가예산을 체제유지비로 소모하고 초법규적인 극우적 탄압을 일삼아온 것이 유신 때부터만 쳐도 근 20년이 되었다."(『진실을 영원히 감옥에 가두어둘 수 없습니다』 226쪽)

참고로 조영래는 대한민국 현대사를 도식에 의해 규정했던 사람이기도 했다. "4.19의 감격으로부터 시작된 60년대와, 노동자들의 인간다운 삶에 대한 사회적 관심을 일깨운 전태일의 죽음으로부터 시작된 70년대, 그리고 광주사태라는 엄청난 민족적 참화로부터 시작된 80년대의 시련을 거치면서 서서히 회복되어온 우리 민족의 도덕적 원기와 사회적 양심…."(부천서 성고문사건 변론 요지 앞대목) 그런 요지부동의 고정관념이 노무현 식의 현대사 인식의 원조라는 것은 더 이상 비밀이 아니다. 더욱이 박원순 류의 생각과 너무도 닮았다는 것도 우연이 아니다.

"따지고 보면 우리 현대사는 참으로 정치적 혼란, 권력의 남용과 인권의 암흑시대의 연속이었다. 암살과 학살, 의문사, 고문과 처형, 투옥과 연금, 해직과 해고, 부당한 재산의 약탈과 몰수가 이 땅을 억압과 수난의 도가니로 몰아넣었다.…그 한들이 쌓여 흐른 반세기였다."(박원순 지음 〈역사를 바로 세워야 민족이 산다〉 서문, 1996년 한겨레 펴냄)

지난해는 변호사 조영래의 25주기였으며, 오는 12월 12일이 그의 기일(忌日)이다. 지금 그의 대표적 저술 『전태일 평전』과 조영래에 대한 평가는 식을 줄 모른다. "버스비를 털어 배고픈 시다들에게 풀빵을 사주었던 아름다운 청년 전태일. 그의 삶과 사랑이 고스란히 담긴 『전태일 평전』은 그 어떤 문학작품보다 감동적인 이 시대 최고의 고전입니다."라는 식의 찬사(소설가 공선옥)가 대표적이다. 조영래 신화에 덮어놓고 감격하는 한국 사회는 과연 정상이고 멀쩡한가? 올해로 46주기, 거의 반세기 가까운 전태일 분신자살에 대한 재조명과 함께 우리는 그걸 함께 물어야 할 시점이다.

누가 전태일을 이용하는가

김승욱 / 중앙대 경제학부 교수

전태일에 관해서 존중해야 할 부분과 정도

청년 전태일에 대하여 인정할 것은 그가 **약자를 동정했다는 사실**이다. 자기 일신의 안일이나 행복보다 자기 주변의 어린 여공들의 생활을 불쌍하게 보고 이를 돌아보지 않는 사회에 항의를 했다는 정의심은 인정해야 한다. 물론 그가 한 행동은 논란의 여지가 있다 하더라도, 그의 나이를 고려할 때 동기 자체는 높이 평가할 필요가 있다.

또한 그의 분신이 노동운동에 미친 영향은 매우 크기 때문에 노동계가 그를 영웅시한다는 것은 이해가 된다. 노동조합을 이익집단이 아니라 정의 구현의 도구로 보는 자들은 전태일을 영웅시하려고 하는 점도 이해가 된다. 따라서 **노동운동사에서는 전태일이 중요한 위치에 있**는 것은 사실이다. 그러나 노동자의 처지가 개선된 것이 노동운동의 덕분이 아니기 때문에, 한국 사회 전체에서 전태일의 업적이 높아지는 것은 아니라는 점이 지적되어야 한다.

산업혁명 당시의 노동자 생활상

1960년대 후반에 한국의 노동자들이 낮은 임금을 받았던 것도 사실이고, 근로조건이 매우 열악했던 것 또한 사실이다. 그러나 그 시대에 그런 아픔을 겪은 이유를 자본가의 착취 때문이라고 보는 시각에는 동의하지 않는다. 그리고 자본가와 결탁한 공무원과 정부가 고의적으로 근로기준법을 어겼기 때문에 노동자가 착취당했다는 견해에도 동의하지 않는다.

따라서 전태일 사건이 그의 올바른 상황 인식에서 시작되었는가에 대해서는 의구심이 있다. 당시 근로조건이 나쁘고 임금수준이 낮았던 것은 한국경제의 발전 단계가 그 수준밖에 되지 못했기 때문이다. 그가 강조하는 근로기준법은 당시 한국 사회가 지킬 수 없는 법이었다. 그것을 단순히 법을 지키라는데 뭐가 나쁘냐는 식으로 인식하는 것은 너무 단순한 인식이었다. 젊은 전태일은 그렇게 주장할 수 있지만, 그의 잘못된 인식을 가지고 그 동시대인들을 모두 비판하는 것은 옳지 않다. 그것이 누구의 잘못이라기보다 당시 저개발국가의 국민이 겪는 서러움이었다는 것이다.

마르크스는 『자본론』에서 노동자들이 착취당하는 모습을 다음과 같이 고발했다.[49]

---

49) 마르크스 『자본론』(제1권) 308-310.

"9세부터 10세까지의 아이들이 새벽 2, 3, 4시에 그들의 불결한 잠자리에서 끌려나와 겨우 입에 풀칠만이라도 하기 위해 밤 10, 11, 12시까지 노동하도록 강요당하고 있는데, 그들의 팔다리는 말라비틀어지고 신체는 왜소해지며 얼굴은 창백해지고, 그들의 인간성은 완전히 목석처럼 무감각상태로 굳어져버려 보기만 해도 소름이 끼칠 지경이다.

그린하우스는 스토크-온-트렌트나 윌스탠턴의 도자기 제조지역의 평균수명이 특히 짧다고 밝히고 있다. 스토크 지방에서는 20세 이상의 성인남자 인구의 36.6%, 윌스탠턴에서는 그 30.4%가 도자기 제조업에 종사하고 있지만, 이 연령에 속하는 성인남자 중 폐병으로 인한 사망자 총수의 반 수 이상[스토크 지방에서]과 약 2/5(윌스탠턴 지방에서)가 도자기 공이다.

위원회의 위원인 화이트(1863년)가 심문한 증인들 중 270명은 18세 미만, 50명은 10세 미만이었고, 10명은 겨우 8세, 5명은 겨우 6세였다. 노동일의 길이는 12시간으로부터 14, 15시간 사이였고, 야간노동이 진행되며, 식사는 그 시간이 불규칙할 뿐만 아니라 대다수의 경우 인(燐)독이 가득찬 작업장에서 하지 않으면 안 되었다.
스코틀랜드에서는 농업노동자들은 사나운 기후에서 하루 13~14시간의 노동을, 그리고 또 일요일에도 4시간의 추가노동까지 해야 한다.

런던에서는 철도사고의 원인은 철도 노동자들의 부주의다. 10~12년 전에는 그들의 노동은 하루에 8시간밖에 계속되지 않았다 그런데 최근

5~6년 동안 노동시간이 14시간, 18시간, 20시간으로까지 늘어났고, 또
행락철과 같이 특히 여행객이 몰릴 때에는 노동이 가끔 중단없이 40~50
시간 계속된다."

위의 예는 자본론에서 마르크스가 고발하는 내용의 일부일 뿐이다.
사실 산업혁명 당시 영국의 자본주의는 착취와 무질서로 얼룩져 있었
다. 인간이 인간을 노예로 사고파는 것이 용인되었고, 수많은 사람들
이 가혹한 노동으로 착취를 당했으며, 잔인한 형법이 가난한 사람들을
옥죄고 있었다. 광산과 공장의 근로조건은 비참하기 짝이 없었다. 산
업혁명 초기에는 유아와 부녀자들이 공장에서 주로 일했는데, 유아의
경우 심지어 만 4세부터 일을 시켰다. 노동시간은 정해진 것이 없어서,
새벽부터 황혼까지(dawn to dust) 일을 했는데, 노동자는 비인간적인 기
계장치의 톱니바퀴와 같이 공장에 편입되어 하루에 자그마치 14시간
에서 때로는 16시간까지도 노동해야 했다.[50] 1832년에 영국 의회가 노
동실태를 조사한 기록에 의하면 바쁠 때는 새벽 3시부터 저녁 10시까
지 무려 19시간을 노동에 시달렸으며, 이 장시간 노동 중에 휴식시간
이라고는 아침식사 시간 15분, 저녁식사 시간 30분, 그리고 도중에 술
마시는 시간 15분이 주어졌다. 그나마 공장 청소는 아침 식사시간이나
술 마시는 시간에 하도록 되어 있어서 이 식사시간도 대부분 청소하면
서 보냈다. 산업재해가 일어나면 보상은커녕 일자리에서 쫓겨났다. 노
동자들이 거주하는 슬럼의 상황은 더 열악해서, 맨체스터에서 평균수

---

50) 김종현,『경제사』, 364

명은 17년이었는데, 이것은 유아 사망률이 50%를 넘는다는 의미이다. 1839년에 "The Wynds"라고 불린 글래스고(Glasgow)의 노동자 숙소에 관한 영국정부의 지방행정관 보고서에 의하면, 한 방에 15-20명의 남녀가 섞여 있는데, 옷을 입은 자도 있고, 벌거벗은 자도 있었으며, 가구라고는 벽난로가 이곳이 사람이 사는 곳임을 알려주는 유일한 단서라고 할 정도였다. 이들의 월급이 적어서 도둑질과 매춘이 이들의 주요한 수입원이라고 했다.[51] 노예들의 비참함은 이보다 더했다.[52]

근대 초기 시대의 노예노동자

근대시대의 노예라고 하면 아프리카의 흑인노예만을 생각하는데, 사실 백인들의 계약노예가 먼저 있었다. "유럽에서 대서양을 건너 신대륙으로 정기적으로 항해하는 교통수단은 이런 백인 계약노예들을 수송하는 과정에서 발달했다. 1654~1685년까지 잉글랜드 남서부의 항구도시 브리스틀에서만 10,000명이 대개는 서인디아와 버지니아로 항해하는 배를 탔다. 1683년에는 백인노예들이 버지니아 인구의 1/6을 차지했다. 18세기에 북아메리카 펜실베이니아로 이주한 인구의 2/3가 백인노예들이었다."

---

51) Heilbroner.

52) Robert Heilbroner and William Milberg(2007), Making of Ecnomic Society, 홍기빈 역(2010), 『자본주의 어디서 와서 어디로 가는가』, 미지북스, 181-190.

백인 계약노예들 이외에 죄수들도 역시 백인노동력의 또 다른 공급원이었다. "잉글랜드의 가혹한 봉건법이 사형에 처할 수 있는 범죄는 무려 300종이나 되었다. 예컨대 1실링을 넘는 현금이나 5실링을 넘는 가치를 지닌 물건을 훔친 자, 말이나 양을 훔친 자, 귀족의 사유지에서 토끼를 밀렵한 자는 교수형에 처해질 수 있었다.

또한 옷을 훔친 자, 낟가리나 곡식창고에 방화한 자, 가축을 불구로 만들거나 도살한 자, 공직자들의 공무집행을 방해한 자, 법률을 오용하거나 남용한 자는 유배형이나 추방형에 처해질 수 있었다.

1664년에는 부랑자, 불량배, 게으름뱅이, 좀도둑, 집시, 무허가 매음굴을 뻔질나게 들락대는 놈팡이 같은 자들을 모조리 식민지로 추방하자는 법안이 잉글랜드 국회에 제출되기도 했다.

1667년에는 3실링 4펜스짜리 물건을 훔친 죄를 범한 아내를 사형 대신 추방형에 처해달라고 애원하는 탄원서가 법원에 제출되기도 했다.

1745년에는 은숟가락과 금회중시계를 훔친 절도범에게 추방형이 선고되었다.

1833년 흑인노예들이 해방된 지 1년 후부터 노동조합 운동에 참가한 자는 추방형을 선고받았다. …

19세기 오스트레일리아에서 진행된 초기 식민지 개척도 죄수들이 없었다면 불가능했을 것이다. 죄수들을 각별히 경계한 경우는 드물었다. …

죄수의 노동력은 식민정부가 공짜로 수입하여 정착민들에게 베풀 수 있는 사은품이나 마찬가지였다.

1640~1740년 잉글랜드에서 연발한 정치 혼란과 민생 불안은 계약 백인노예의 공급을 증가시켰다. 잉글랜드의 독재자 올리버 크롬웰 Oliver Cromwell(1599~1658)의 군대에게 정복당한 스코틀랜드인들은 이전에 정복된 아일랜드인들과 같은 취급을 받았고, 1661년에는 퀘이커 교도들이 추방당했는데 100파운드를 낼 수 있는 자들을 제외한 나머지는 모두 버지니아와 뉴잉글랜드를 제외한 해외 각지의 식민농장들로 추방당했다. 반란에 동참한 자들은 10년간 계약노예로서 복역하라는 판결을 받고 바베이도스 섬으로 보내졌다.

"계약 백인노예들은 수송선의 콩나물시루처럼 비좁은 선창에 짐짝처럼 적재되었다. 미텔베르거는 계약노예들에게 하나씩 배정된 개인 침대의 폭은 60센티미터였고 길이는 180센티미터에 불과했다고 기록했다. 그들을 수송하는 선박은 작아서 비좁았고, 장기간 항해했으며, 냉장고도 없는 선박에서 배급되는 음식은 형편없고 비위생적이어서 그것을 먹은 자들은 병에 걸리기 십상이었다. 1659년에는 계약노예 72명이 "말들과 뒤섞인 그들의 영혼마저 질식시키는 열기와 습기를 가득 머금어 찜통 같은" 선창에 갇혀 무려 5주일 반 동안이나 항해를 계속해야 했던 "이 살아있는 무덤에서 인간이 겪을 수 있는 가장 끔찍한 참상"이었으며 "그토록 하찮은 이익을 쥐어짜내려고 똑같은 인간들을 그토록 참혹하게 다룰 정도로 인간성이 저열해질 수 있다고는 도저히 믿기 어렵다"라고 썼다.

우리보다 산업화가 먼저 일어났던 영국의 산업혁명 당시 모습이나

그 이전 근대 초기 노동자들의 실상이다. 그리고 지금 산업화하고 있
는 인도 등 저개발 국가에서는 아직도 이런 일이 일어나고 있다. 따라
서 전태일 당시의 한국 여공들의 근로조건이 열악했던 것은 한국 경제
의 발전단계에 비추어서 평가되어야 한다. 군대도 다녀오지 않은 약관
의 혈기 방자한 젊은 청년이 그런 정의감을 품고 흥분할 수 있는 것이
지만, 사회가 계속 그러한 잘못된 인식을 확산시켜서는 안 된다.

마르크스의 세계관과 정의관

마르크스는 역사 발전의 동인을 생산성의 향상이라고 인식하고, 그
과정은 혁명밖에 없다고 생각했다. 생산성의 향상에 따라서 제도의 옷
을 바꾸어 입어야 하는데, 기득권자들이 자신의 권리를 양보하지 않기
때문에 혁명이 불가피하다고 보았다. 그리고 법이나 도덕 등 상부구조
는 경제라고 하는 하부구조에 의해서 결정되기 때문에, 자본주의 사회
에서 부르주아 세력이 만들어둔 법과 같은 상부구조는 혁명에 의해서
타파되어야 한다고 인식했다. 이렇게 계급투쟁만이 역사 변혁의 유일
한 방법론이라 인식하고, 계급 간 갈등과 증오를 통해서 사회정의를
구현하려고 하는 세계관으로 무장된 자들은 어떠한 다른 주장도 모두
가진 기득권자들의 변명이라고 일축한다.

오늘날에도 여전히 전태일을 각 교과서에 싣고 띄우는 노동계의 의
도는 당시 악덕 기업/기업가 및 정치가를 비판하기 위한 것일 뿐만 아

니라 현재 사회마저도 정의가 실현되지 않는 사회라고 가르치기 위한 것이다. 따라서 전태일 문제는 한 시대에 있었던 과거사가 아니라 지금도 진행되고 있는 세계관의 충돌이다.

초, 중, 고 각급 교과서를 통해서 전태일을 알리는 이유는 단순히 과거의 역사를 공부하자는 수준이 아니라, 교육을 통해서 마르크스주의적 세계관을 주입시키고, 현재 그리고 미래 한국 사회를 그들의 관점에서 변화시키려고 하는 의도 때문이라는 것이 지적되어야 한다.

마무리

인터넷을 치면 전태일에 대한 찬양 일색의 자료만 검색되는 것이 아니라, 이러한 지적들이 균형있게 검색될 수 있어야 한다. 그런 면에서 이런 토론회의 자료들이 계속 확산될 필요가 있다.

4

전태일,
어떻게 배울 것인가

전태일에게서 학생들은 무엇을 배울까?

홍수연 / 한국자유연합 사무총장

교과서는 아이들이 학교에서 배우는 공식적인 주된 교재이다. 때문에 교과서에 나오는 대부분의 지식들은 그 사회에서 공식적이며 국민들 사이에 합의가 있어야 한다. 그런데 과연 그러한 충분한 과정을 거쳐 교과서에 올라오고 있는지가 의심스럽다. 과거 정권에서 여러 번 수정을 거친 교과서는 부모 세대가 배운 교과서와 현격한 차이를 보인다. 급격한 시대 변화에 따른 변화는 있어야 한다. 그러나 교과서에 빠져서는 안 될 내용들이 빠지고 실려서는 안 될 내용들이 실려 있으며 편향된 서술 등 이러한 변화는 분명 석연치 않은 점이 있다. 그중에서도 위인에 대해서 말하고자 한다.

위인의 사전적 의미는 '뛰어나고 훌륭한 사람'이다. 특히 교과서에 실리는 위인은 사람들에게 대단한, 훌륭한, 존경받는, 긍정적인, 그리고 무엇보다도 학생들에게 본받고 싶은 인물이 되어야 한다. 그런데 현재 초등학교부터 고등학교까지 실려 있는 전태일은 과연 학생들이 본받을 인물인가에 대해서는 오랜 기간 아이들을 지도해온 교사 입장에서 동의할 수 없다. 전태일이 죽은 방법이 교훈이 될 만한 것인지?

또 우리 대한민국에 어떤 업적을 쌓았는지 모르겠기 때문이다. 그럼에도 전태일의 죽음은 자라는 아이들에게 아무 여과 없이, 상황 설명 없이, 악독한 사업주들에게 항거하다 죽은 영웅이 되어 있다. 과연 이런 것이 맞는지 점검해야 할 것이다.

초등학교 아이들이 만나는 전태일

우선 초등학교 교과서에 올라온 전태일은 몇 줄 되지 않는다. 짤막한 몇 단어뿐이라 문제가 안될 수 있다. 그러나 요즘은 교과서 연계 독서가 많이 나온다. 교과서에 나온 위인이란 표제를 붙인 책들이 서점에 가면 흔히 볼 수 있고 또 많은 학부모들의 선택을 받는다. 이왕이면

교과 연계표

who?	교과 과정
김연아	체육 4학년 — 1. 힘차고 튼튼하게 도덕 6학년 — 10. 참되고 숭고한 사랑
김택진	사회 6학년 1학기 — 2. 우리 경제의 성장과 과제 사회 6학년 2학기 — 3. 정보화, 세계화 그리고 우리
박종철 이한열	도덕 3학년 1학기 사회 5학년 2학기 — 3. 대한민국의 발전과 오늘의 우리
이태석	도덕 5학년 — 8. 나와 우리 공익을 위한 생활 도덕 6학년 — 10. 참되고 숭고한 사랑
류현진	도덕 3학년 — 8. 자랑스러운 대한민국
안철수	도덕 5학년 — 6. 나와 우리 공익을 위한 생활 사회 6학년 2학기 — 3. 정보화, 세계화 그리고 우리
정명훈	음악 5학년 — 3. 세계 속으로 음악 6학년 — 3. 세계와 함께
박지성	과학 3학년 1학기 — 가. 물질의 성질과 쓰임새
전태일	사회 5학년 2학기 — 3. 대한민국의 발전과 오늘의 우리 사회 6학년 2학기 — 1. 우리나라의 민주 정치
노무현	사회 5학년 1학기 — 3. 우리 경제의 성장과 발전 사회 5학년 1학기 — 4. 우리 사회의 과제와 문화의 발전

한국사를 움직인 100인

교과서에 나온 사람들의 이야기를 읽어서 학교 공부에도 도움이 되기를 바라는 학부모들의 마음을 반영한 마케팅 전략의 하나일 것이다. 전태일도 교과서에 이름이 올라왔다는 이유만으로 우리 한국위인 100인 중에 한 명으로 당당히 자리를 잡고 있다.

또 의구심이 있을 학부모들에게 한창 어린이 도서로 뜨고 있는 'why?'를 벤치마킹하여 'who?'라는 제목으로 위인전집을 만들어 시중에서 판매하고 있다. 출판사도 다르지만 대부분의 학부모는 양서로 입소문이 나있는 'why'에서 만든 출판으로 착각하게 하여 또 한번 무임승차를 하고 있는 것이다.

이러한 출판의 꼼수를 사용하여 학부모나 어린이들에게 전태일은 대한민국이 인정하는 위인이 되어가고 있는 것이다. 이것이야말로 그들이 좋아하는 국민적 합의는 없었다. 논쟁 한번 없이 노동운동가라는 명분으로 당당히 교과서에 자리매김을 하였다. 그리고 이 'who?'에 나와있는 인물은 위의 목차에서 보듯이 김연아, 박지성을 뺀다면 거의 특정 야당의 인사들이거나 관계가 깊은 사람들이다. 책의 저술 의미를 알 수 있다. 이 책을 추천하는 최성 경기도 고양시장은 'who?를 사랑하는 모임'을 만들었다고 한다.

어떤 특정 정당 정치인이 자신들과 성향이 맞는 일부 정치인 또는 같은 성향의 사람들을 목차로 하여 가장 잘 나가는 도서의 글자 하나만 바꾸어 소비자를 우롱하고 있다. 그리고 책의 내용에도 100% 동의할 수 없는 전태일 신격화와 우상화로 글을 써놓았다. 더구나 그 형식이 'why?'처럼 만화 형식으로 되어 있어서 아이들에게 그 당시를 철저히 암울한 상황으로 왜곡하고 있다. 그 당시는 힘은 들었지만 꿈을 꾸

해외 석학들과 전문가들이
극찬을 아끼지 않은 책

다산어린이에서 출간된 《who?》 시리즈는 개인적으로도 무척 반가운 책입니다. 김대중 전 대통령을 청와대에서 가까이 모시면서, 반기문 유엔사무총장이 외교통상부 장관으로 재임하던 시절 국회의원으로서 함께 활동하면서 그분들의 훌륭한 점을 많이 봐 왔기 때문입니다.

전 세계 다양한 분야의 지도자들이 성공에 이르기까지의 과정을 학습만화로 그린 《who?》. 위인들이 어떻게 시련과 역경을 극복했는가를 잘 보여 주는 이 책은 이 시대를 살고 있는 모든 어린이들에게 매우 유익합니다.

최성
경기 고양시장

저는 'who?를 사랑하는 모임'의 대표로서 많은 해외 석학들과 국내 전문가들에게 이 책을 소개했고, 그때마다 놀라운 반응이 이어졌습니다. 하버드 대학의 에드워드 베이커 전 한국학 연구소장도, 미주 이민 110주년 기념 사업회의 책임자도, 세계 한인 회장단의 공동회장도, 국내의 도서관장들도 모두 《who?》 시리즈를 접하고 극찬을 아끼지 않았습니다. 어린이들의 원대한 꿈을 실현시켜 주는 힘을 지닌 《who?》 시리즈가 머지않은 미래에 한국은 물론 전 세계의 모든 가정에 영향력 있는 책으로 자리매김하리라 확신하며, 이 책을 추천합니다.

최성 경기 고양시장은 청와대 외교안보비서관과 17대 국회의원을 지냈습니다. 미국 존스홉킨스 대학 교환 교수 등을 역임하며 세계 3대 인명사전 중 2곳에 게재된 바 있으며, 현재 'Who?를 사랑하는 모임'의 대표로도 활동하고 있습니다.

쌍용자동차 사태

쌍용자동차는 국내 대형차 시장을 연 선두 기업으로 4,500명 이상의 직원이 근무하는 큰 회사입니다.

그러나 경영 악화로 2004년 10월 중국 상하이차가 쌍용자동차를 인수한 이후 쌍용자동차의 사정은 점점 더 어려워졌습니다. 결국 상하이차는 경영권을 포기하고 2009년 1월에 법정 관리(회사가 어려워 나라에 회생할 수 있는 시간을 얻기 위한 도움을 요청한 것) 신청을 하게 되었습니다. 이 일로 많은 수의 직원을 해고하게 되었습니다. 쌍용의 노동자들이 하루아침에 직장을 잃게 된 것입니다. 하지만 회사 측에서는 그들을 위한 충분한 배려와 거취 문제를 해결하려 하지 않았으며, 그에 따라 노사 간의 기나긴 싸움이 시작되었습니다.

2011년 노사 간의 갈등이 심화된 상황에서 쌍용은 인도의 마힌드라사로 경영권이 넘어가면서 회생 절차가 끝났지만, 여전히 해고된 노동자의 복직 사태는 마무리되지 않고 있었습니다. 이후 이 사태는 정치적인 문제로 다뤄지며 일부 휴직자들을 공장으로 복귀시키는 것으로 일단락 지었습니다. 회사는 너무나 쉽게 정리 해고라는 수단을 택했고, 노조도 전투적으로 응대했습니다. 조금 더 대화하고 타협하려는 노력이 필요했던 문제였습니다.

쌍용자동차 사태로 시위 중인 노조를 철수시키기 위해 경찰이 투입되었습니다.

쌍용자동차 평택 공장 생산 라인

 **불굴의 의지**

전태일은 시청, 노동청 등을 다니며 노동자에 대한 부당한 대우와 열악한 환경을 알리고자 노력하였으나 돌아오는 것은 관계자들의 냉담함과 멸시뿐이었습니다. 시간이 지나도 개선되는 상황이 없자 전태일을 도와 활동을 하던 노동자들도 하나둘 포기하기 시작했지만, 태일은 체념하기보다 다른 방법을 찾기 위해 고뇌하였습니다. 공장장들의 모함으로 평화시장 안에서 취직을 할 수 없게 되자, 공사장에서 막노동을 하면서 인부들에게까지 《근로 기준법》을 가르쳤습니다. 또한 각 기관장이나 대통령에게 항의가 담긴 편지를 쓰는 등 마지막까지 포기하지 않았습니다. 태일의 노력에 다시금 모여든 노동자들은 설문지를 돌리고 신문에 투고를 하여 일반 사람들에게까지 현실이 알려지게 되었습니다. 당시의 노동 운동은 돈벌이가 되는 것이 아니며, 자신의 전부를 걸고 투쟁해야 했기 때문에 많은 사람들이 도전했다가 포기했습니다. 만약 전태일조차 중간에 포기하였다면 오늘날처럼 쾌적한 환경 속에서 일을 할 수 있는 상황이 오기까지는 더 많은 시간이 걸렸을 것입니다.

1969년 친구들과 함께(맨 왼쪽이 전태일) ⓒ 전태일재단

1970년 11월 19일 전태일 열사 장례식 ⓒ 전태일재단

▲ who 인용

었던 시대였음에도 불구하고 말이다.

　책 내용 사이사이에는 아직 아이들이 이해할 수 없는 쌍용자동차 사태 같은 현안도 많이 들어가 있다. 이러한 부분에서 많은 아이들이 왜곡된 현실을 받아들이고 선동될 것이다. 오른쪽 사진에는 결국 전태일의 행동으로 인하여 오늘날 쾌적한 환경이 되었다고 하는데, 이것은 엄연한 사실 왜곡이다. 아무리 쾌적한 환경을 외치더라도 환경을 개선해 줄 자본이 없다면 소용없는 일이다. 과연 전태일이 살던 시대 누구에게나 쾌적한 환경을 만들 수 있는 자본가들이 많았을까? 그것은 결코 그렇지 않다. 평화시장에서 광장시장까지 동대문 시장이라고 불리는 상권 안에는 과거 전태일 같은 인생을 살았던 사람들이 대다수였다. 설혹 자본가라 하더라도 결코 쾌적한 환경에서 일할 수는 없었다. 이 책에서는 전태일이 라면을 먹는다고 하는데, 불과 1970년 중반까지도 라면은 특별하게 한 달에 한 번 그래도 밥은 먹고살던 집에서 먹던 음식이다. 또 커피 한 잔 값이라고 하는데, 당시 커피도 웬만해서 구경하기 힘든 음료 중에 하나였다 요즘의 잣대로 과거를 재단하는 것은 옳은 일이 아니다. 또 이런 내용들이 제대로 검증도 안된 채 아이들을 선동하는 것이 옳은 일인가? 교육 차원에서 이것은 잘못된 일이다.

　다음은 어린이 도서 한국사에서 전태일에 관한 부분을 발췌해 보았다. 이 책에서는 죽은 전태일과 어린 초등학생의 대화로 이루어진다. 전태일이 자신의 죽음에 대한 감정을 토로하고 학생은 그런 전태일을 보며 가슴 아파하는 대사로 되어있다.

　　"그런 환경에서 역돌이보다 나이가 별로 많지도 않은 열네 살, 열다

섯 살 정도의 누나들이 하루 열네 시간씩 일했던 거야. 그렇게 해서 버는 돈이 점심도 못 사 먹을만큼 푼돈이었고, 그나마 제때 주지 않고 계속 미루다가, 떼어먹고는 했지.

워낙 작업환경이 안 좋으니까 몇 년 일하다 보면 너나 할 것 없이 병에 걸렸는데, 회사는 개인이 병에 걸린 걸 어쩌란 말이냐며 보상금도 주지 않고 내쫓아 버리고는 했어. 정말, 발목에 쇠사슬만 안 채웠지. 노예나 다름없었지.”

‘노예나 다름 없다’라는 말로 비극성을 키우며 아이들을 자극하고 있다.

“다만 너무 빠르게만 하려다 보니 대충 넘어가는 게 많았고, 버리고 간 사람이 많았던 거지. 더디 가더라도 고르게 발전했으면 좋은데, 도시를 키우기 위해 농촌을 죽이고, 공업을 살리느라 농업을 죽이고, 기업을 위해 노동자를 억누르고…… 하는 ‘불균등 발전’이 박정희 집권 18년 동안 되풀이되었어. 그 영향은 오늘날의 대한민국에도 뚜렷이 남아 있지.”

‘불균등 발전’이라 하여 농업을 죽이고 공업을 살렸다고 매도하며 거짓 선동을 하고 있는 것이다. 새마을 운동을 비롯한 농업 진흥을 위한 사실을 왜곡하고 있다.

“그런 식으로 힘없는 사람을 괴롭히고 짓밟으면서, 나라와 민족이 발전한들 뭐하겠니?

형은 참을 수 없었단다. 뭐 대단한 것을 요구하는 것도 아니고, 법에 정해져 있는 만큼의 대우만 해 달라는 건데 그것조차 들어주지 않고, 오히려 '자꾸 싫은 소리를 하는 걸 보니 빨갱이 아니냐?'라고 하는 정부에 절망하고 말았어."

(내용출저 : 김구 전태일 박종철이 들려주는 현대사 이야기 지은이 강준만)

법에 정한 것이 어떤 조건인지도 정확히 설명은 없이 근로 기준법이 중요하다고 외치고 있다. 심지어는 나라의 발전이 필요 없다는 이야기까지 하고 있다. 나라의 발전이 노동환경을 개선했다는 것은 모두가 아는 사실인데도 학생들에게는 이런 도서를 읽히고 있다.

"그래서 1979년 11월 13일, 박정희 정권이 자랑하는 경부고속도로가 개통된 지 석 달 정도가 지났을 무렵, 형은 동대문 평화시장 앞에서 마지막 시위를 벌이려 했어. 그러나 달려온 경찰이 플래카드를 빼앗고 강제로 시위를 중지시키려 하더구나."

박정희 정권이 자랑하는 경부고속도로라는 말에는 빈정거리는 듯한 말투가 느껴지도록 책을 썼다. 이런 도서가 어린이 도서로 적절한지도 점검해야 한다. 경부고속도로는 기간 산업으로 수출의 중요한 동력이 되었다. 그럼에도 이런 문장은 대한민국의 경제발전을 폄하하려는 의도가 보인다. 대화체로 진행되는 이 책에서 역돌이라고 불리는 청자는 죽은 전태일에게 편지를 쓴다. 그 내용이다.

"형…… 몸에 불이 붙었을 때 얼마나 아팠어요? 아, 정말 생각만 해도 ㅎㄷㄷ……. ㅠㅠ

갈수록 슬픈 이야기가 많으니, 저 현대사 그만 배울까 봐요……

아니……, 타임머신이 있으면 과거로 돌아가서 못된 놈들을 혼내 주고 역사를 바꿔 버리고 싶어요! 박정희도 혼내 주고, 5 · 16 같은 거 못 일으키게 하고, 그래서 태일이 형이 그런 일을 하시지 않아도 될 수 있게 해 드리고 싶어요……. ㅠㅠ

미안해요…… 형. 그렇지만 지금 너무 마음이 무겁네요.

저승에서라도 잘 지내세요……. 꼭 그러셔야 해요……. 아셨죠?"

'최종적으로 박정희도 혼내주고'란 표현을 썼다. 결국 그들의 의도를 알 수 있는 대목이다. 이런 독서가 과연 올바른 독서인가? 이것은 결코 교육상 바른 독서라 할 수 없다. 대부분 전태일에 관한 도서는 위의 예를 든 것과 다를 게 없다.

중학생이 만나는 전태일

초등학교에서 이러한 책을 읽고 중학교에 올라오면 상대적으로 독서를 할 시간이 현저하게 줄어든다. 때문에 이런 책들을 접하지 않는다면 어린 학생들은 잊을 수도 있다. 그러나 중학교에 진학하면 수행평가가 기다리고 있다.

교과서에 나오는 전태일을 활용하여 좌파 성향의 선생님들은 수행

평가를 내주게 된다. 그래서 포탈에 전태일 수행평가라고 검색어를 치면 검색 정보가 여러 개가 뜨는데 그중에도 얼마나 왜곡된 자료들이 무분별하게 학생들에게 전해지는지 몇 가지 예를 들겠다.

상당히 감상적이고 선동적인 수행평가 내용이다. 인간이 교육을 받는다는 것은 감성적인 부분보다 이성적이고 냉철한 판단력을 키우기 위함이다. 그럼에도 이렇게 감상적이며 자극적인 표현을 사용하여 인터넷 상에 올려놓고 아이들을 유도하고 있다. 인터넷 환경에도 특별한 법안이 마련되어야 할 대목이다. 제도적인 정책이 나와야 할 것이라고 본다.

여기서 말하는 사장들이 정말 나쁠까? 그리고 그 시대 사장들이 일부러 노동자들을 착취하였는가? 결코 그렇지 않다. 4차 세미나에서 조동근 교수의 발제를 보면 자본과 노동 중에 노동이 과잉이었기 때문에 저임금이 형성되었다고 한 것처럼, 일할 사람은 많고 자본가는 얼마

전태일평전을 읽고 전태일평전 –수행평가　　　　2016-07-01 10:08:28

메일 | 인쇄

전태일평전을 읽고 전태일평전 –수행평가

📄 전태일평전을 읽고 전태일평전.hwp

전태일평전을 읽고 전태일평전

도서관을 갔다가 할일도 없고 해서 책을 빌리게 되었다.
죽 둘러보는데 전태일 평전이라는 책이 눈에 띄었다.
'어디서 많이 들어본 이름인데…' 하곤 그 책을 집어들었다.
내용은 전태일이 노동환경개선에 대한 투쟁을 하다가 길 한복판에서 자신의
몸에 불을 지르고 죽었다는 것이었다.
예전에, 엄마가 전태일에 대해서 말씀해주신적이있는데, 그 이름이 나도 모르
는 사이에 머릿속에 기억되었나보다.
처음에 그 얘기를 듣고는 충격이 꽤 컸었는데… 그때는 어려서 그냥 몸에 불을
지른다는것에 놀라워했었나보다.
자신의 몸에 불을지르다니… 겁이많은 나로써는 도저히 상상할수 없는 일이었
다.

사람이 이렇게도 살수있는가 싶었다.
진심으로 나라면 결코 그런 상황속에서 좌절하지 않을수가 없을것 같았다.
허기가 져서 눈앞에 아무것도 안보이고 쓰레기속에 먹을게 없나 뒤지는 태일
의 모습이 머릿속에 그려진다.
너무나 추워서 살갗이 다 트고도 종이박스나 신문지등을 몸에 감고 밤을 새우
는 모습도 그려진다.
내가 보기에 굉장히 절망적이다.
이건 뭐, 전쟁직후 수준이다.

10평도 안되는 평수에 수십명이 쪼그리고 앉아서 그야말로 제대로 배열해놓은
바퀴벌레들처럼 손만 움직이고 있으면 그들이 일을 효율적으로 할수가 있느냐
고, 그들이 해놓은 10만큼의 이득에서 9는 자기가 갖고 1만을 그들에게 주는
사장들 정말 나쁘다.
난 정말 이 책을 읽으면서 느낀것도 많지만 화가 너무 많이 났다.
그나마 전태일이 노동투쟁을 벌여서 지금의 노동자가 있는것 일것이다.
노동자들의 열악한 근로환경 개선문제는 그 시대에 해결해야했던 큰 사회문제
였지만 꼭 한사람이 죽고나서야 그 문제가 점차 밝은 빛을 보게 되다니… 이건
너무 무서운거 아냐 그럼 앞으로는 무엇을 요구할때마다 한사람의 희생이 뒤
따라야 한다는건가 내가 대통령이라면 이런 서민들의 애환을 하나하나 다 들
어주고 해결해줄것이다.
예를들어, 나라에서 핵무기에대해서 관심을 가진다는것에 대해서 나는 별로
좋지 않게 생각한다.
핵무기를 만드는건 중요할수도 있지만 그것도 결국에 전쟁을 하기 위해서 만
드는 거라서 난 굉장히 싫어한다.
나는 위에것들보다는 외국인 노동자들에 대한 부당한 처사방지, 처자식을 학
대하는 아버지를 처벌하는것, 담배공장을 폐쇄시키는것, 자기가 가르치는 학
생과 자기가 가르치지 않는 학생을 차별하는 선생님들을 위한 교육훈련, 고아
들을 위해 고아원을 정기적으로 방문하는 일, 신선한 공기와 깨끗한 물을 위한
일 등을 우선적으로 여길것이다.
나라의 명예와 힘도 굉장히 중요한 요소이지만 그러려면 많은 시민들이 고통
을 받는다.
한 나라 안에서 서로 말이 통하는 사람들끼리만 행복하게 상부상조하며 사는
것도 좋을텐데 말이다.
말이 지구촌이지 지금 국제정세를 보면 그런말은 못할것이다.. –수행평가

없었던 탓이 첫 번째일 것이다. 동대문 시장뿐만 아니라 어느 지역이나 그 당시는 어렵고 힘들었던 시절이다. 그러나 지금은 그러한 삶을 살았던 주인공들이 자본가가 되어 있는 경우가 많다. 과거에는 입주 고용인도 많았다. 시골에서 올라와 적은 월급을 받고 월세 내고 살 수 없으니 대다수 사장의 집에서 기거하는 어린 여공들 또는 종업원들이 적지 않았다. 대다수가 시골에서 밥 먹일 형편이 되지 못했던 아이들을 보내는 경우가 많았다. 주인집에서 기거하며 장사일이나 기술을 배워 자금을 마련하여 독립하는 경우가 대부분이다. 어느 한 집의 경우만 이야기하는 것이 아니다. 그것이 과거 시대 우리의 인심이었다. 그런데 교과서에는 왜 그런 이야기가 모두 빠져 있는지 이해가 되지 않는다. 불과 10여 년 후에는 판이하게 다른 현상이 나타났다. 제조업에서는 종업원들이 금값이 된 것이다. 직물 섬유 같은 경공업 공장들은 사람이 귀해서 한 달이 다르게 월급을 올려야 했다. 월급을 조금이라도 더 많이 주면 이 공장 저 공장 옮겨다니는 바람에 기업가들 사이에서는 "누가 공장한다면 도시락 싸들고 다니면서 말리겠다"라는 말이 나올 정도로 인력난에 힘들어했다.

전태일이 기업주가 착취를 한다고 하는데 공업단지에는 25일 월급날이 되면 공장 정문에 40대의 아줌마들이 대기하고 있는 것이 보였다(직접 목격한 상황이다). 저 사람들은 누구냐고 물으니 그들은 직공들 부모들인데 월급을 받아가려고 와 있다는 것이다. 일하는 아이들은 내가 번 돈을 제대로 써보지도 못하고 부모에게 상납을 해야 했던 것이 그 시대이다. 부모 속이야 아팠겠지만 결국 결론적으로는 힘들게 번 돈을 제대로 만져 보지도 못하고 집으로 보내야 하는 처지의 아이들에게 그나마 따뜻하게 밥 먹이고 옷 입히는 것은 공장 사장들이었다.

형편이 된다면 더 주고 싶었을 것이다. 경제가 점점 나아지면서 여 공들이 원하면 야학에도 다닐 수 있도록 정부는 미성년자 고용시 본인 이 원하는 한에서 야학에 다닐 수 있도록 하는 제도를 마련하여 기업 가들에게 권장하였다. 대부분 공장주들도 못 배운 한을 가진 사람이 많았기 때문에 그러한 국가의 권장 사항을 실천하려고 노력하였다. 공 장에 일이 끝나면 야학까지 버스를 타고 가는데 회사 버스가 동원되고 학습활동까지 공장장이 돌보는 일을 하였다. 이렇게 경제가 나아짐으 로써 노동환경이 개선되어 간 것이다.

고등학교 교육 과정에서의 전태일

고교 교육 과정에서도 전태일은 매우 중요하게 다루고 있다. 교과

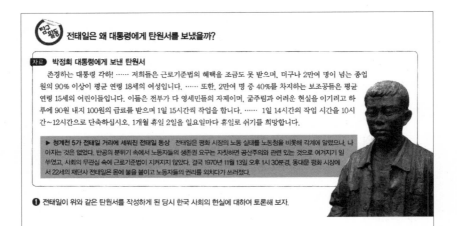

미래앤 고등교과서 한국사 2013년 교육부 검정

서에서 별도의 탐구활동을 지정할 정도이고 이러한 탐구 활동은 주로
답이 정해진 수행평가로 적용되는 사례가 많다. 교사 지도서에서도 큰
비중으로 건국 대통령의 업적보다도 일개 노동자의 분신이 더 중요하
게 다루어지고 있다.

◉ 전태일(1948~1970)

　젊은 나이에 서울 청계천 평화 시장의 의류 제조 회사에 입사하여 근무하다가 근로 환경 개선을 위해 투쟁하였으나, 사회의 무반응과 개혁의 불가함을 느껴 의분 분신자살한 노동 운동가이다. 대구에서 태어났으나 서울로 올겨와 생활이 어려워 겨우 초등학교 4학년을 중퇴하고, 17세 때 평화 시장의 의류 제조 회사의 재단사로 입사하였다. 당시 한국의 중소기업은 노동 집약적인 섬유, 봉제, 가발 산업이 성하던

천재 교육 교사용 지도서

시대였다. 서울 동대문 및 청계천변에 자리 잡은 평화 시장 역시 소상인과 소규모의 기업이 모여 있는 곳이었다. 그가 근무하면 봉제 공장은 그런대로 규모가 있는 회사였다. 그러나 당시 우리나라는 나이 어린 노동자들을 값싸게 채용하여 수익을 올리는 사례가 많았고, 정부의 근로 기준법이 있었으나 이를 어겨가며 이익을 추구하는 회사가 많았다.

　전태일은 봉제 공장의 재단사로 일하면서, 주변에서 나이 어린 소녀들이 열악한 환경 속에서 중노동에 박봉의 생활을 하는 것을 목격하고 의분을 느꼈다. 그는 동료 재단사들과 바보회를 만들어 평화 시장의 노동 조건 실태를 조사하기도 하였다. 그리고 그가 근무하는 회사가 근로 기준법을 준수해야 하는 회사에 해당하나, 이를 지키지 않고 있음을 알고 요로에 진정을 하였다. 노동 환경 조사 결과를 토대로 노동청과 서울특별시에 노동 조건 개선을 요구하는 진정서를 제출하기도 하였지만 묵살되었다.

　그가 〈대통령에게 보낸 편지〉의 내용에서 근로 환경을 고발한 내용에 의하면, 2만 명이 넘는 직원의 90% 이상인 봉제공의 평균 나이가 18세이며, 하루 근무 시간은 15시간이고, 시다공의 평균 연령은 15세이며, 하루 16시간을 일한다고 적고 있다. 그는 자신의 불행보다는 공장 내 나이 어린 여공들의 근로 환경에 더욱 동정심이 갔고, 이의 해결을 위한 의분이 발동하였다. 대통령에 보낸 서한에서 나이 어린 소녀들이 안질, 신경통, 위장병, 폐결핵 등에 고생하고 있으며, 성장기에 한 번 고생하면 평생 고칠 수 없게 된다고 하소연하며 근로 환경을 개선해줄 것을 애절하게 호소하였다. 그가 요구한 근로 환경 개선 내용은 다음과 같다.

　－ 하루 근무 시간 10~12시간으로 단축
　－ 1개월 휴일 2일을 매 일요일(4일)로 연장
　－ 건강 검진은 정확하게 할 것
　－ 시다공 임금 하루 70~100원에서 50% 인상 등

하지만 모든 것이 요구대로 개선되지 않자, 삼동 친목회를 조직하고 근로 조건 개선 시위를 도모하였다. 그리고 한국의 근로 기준법이 있으나 형식적이며, 감독관청도 전혀 이를 지키려 하지 않자, 더욱 비애를 느끼고 죽음을 택하였다. 그는 정의심이 불타는 22세의 젊은 나이에 사회의 비정함과 무관심, 미래가 없는 삶에 대한 회의를 느끼며, 이 사회에서 형식에 불과한 '근로 기준법의 화형식'을 갖고 자신도 그 불에 함께 타들어가 생을 마감하였다(1970. 11. 13).

　그의 죽음은 당시 산업 사회로의 도약과 민주 사회로의 변화를 추구하는 우리 사회의 열망과 맞물려 사회적으로 큰 파장을 불러 일으켰고, 무반응으로 일관하던 당시의 정부와 기업이 그리고 관료들에게 무거운 경각심을 주었다. 또한 1970년대 이후의 노동 운동에 발화의 역할을 하여 한국 노동운동사에 한 획을 그었다. 그 후 그의 죽음을 애도하면서

'전태일 평전'이 저술되었고, 영화 '아름다운 청년 전○○○'이 제작되었다. 최근에는 그의 정신을 기리기 위해 ○신한 청계천 6가의 버들다리 위에 반신 부조상을 설○다(2005).

◉ 1970년대 노동 운동 원인

연도	총 건수	임금 관련	휴폐업 및 조업 단축	해고	부당노동 쟁위	근로조건 개선
1970	165	－	－	－	－	－
1971	1,656	1,041	－	182	96	137
1972	346	171	－	38	41	59
1973	367	100	－	63	95	81
1974	666	361	－	51	46	41
1975	133	74	7	10	19	4
1976	110	68	3	8	8	4
1977	96	66	4	6	2	4
1978	102	74	3	1	2	－
1979	105	67	5	6	3	4

◉ 새마을 운동

　새마을 운동은 1970년부터 시작된 범국민적 지역 사발 운동이다. 1970년 4월 22일 한해 대책을 논의하기 소집된 지방 장관회의에서 대통령 박정희는 수재민 복해과 아울러 넓은 의미의 농촌 재건 운동에 착수하기 우자조 · 자립정신을 바탕으로 한 마을 가꾸기 사업을 져고 이것을 새마을 가꾸기 운동이라 부르기 시작한 데서 되었다.

　1971년 전국 3만 3,267개 리 · 동에 시멘트 335포 균일적으로 무상 지원하여 각 마을마다 하고 싶은 사업을 을지적으로 하도록 하였다. 정부가 무상 공급한 시멘트로 민이 자체 노력과 자체 자금을 투입하여 마을이 필요로 숙원 사업을 해낸 1만 6,600개 부락에 또다시 시멘트 포대와 철근 1t씩을 무상 공급하여 지발적인 협동 노장려하였다. 이와 같은 경쟁 · 선별적 방식으로 정화된 을 사업은 정부의 절대적인 지원으로 전국적으로 확대서 이것이 단순한 농촌 개발 사업이 아니라 공장 · 도시장 등 한국 사회 전체의 근대화 운동으로 확대 · 발전하였고 이 과정에서 새마을 운동은 그 정신적 기조로서 근면조 · 협동을 설정하고, 추진 방법으로는 우수한 지도자신적 봉사를 하도록 하고 동시에 정부에 의한 적극적인 이라는 방식을 택하였다.

　새마을 운동은 초기에는 단순한 농가의 소득 배가 운었지만 이것을 통하여 많은 성과를 거두면서부터는 도직장 · 공장에까지 확산되어 근면 · 자조 · 협동을 생활는 의식 개혁 운동으로 발전하였다.

308 각론

문제는 노동자의 환경의 열악함에 대한 역사적 이해는 없이 단순히 노동자의 삶에만 학습의 초점을 맞추었다는 것이다. 다음은 고교 교과서 참고서이다. 참고서에서도 역시 노동환경의 열악함을 강조하며 노동자의 부당한 착취로 인식 시키고 있다. 그러나 이것은 현실과 매우 거리가 있는 참고이다. 당시 대부분의 우리나라 환경은 사업주나 노동자 모두 열악한 환경에서 생활하고 있었다. 국가가 발전하고 나아짐에 따라 개인의 삶도 달라진다는 것을 분명히 해야 한다. 그럼에도 교육 과정에는 그러한 내용이 없다. 또 다음에서 볼 수 있듯이 눈부신 경제

탐구 풀이   노동 문제

교과서 380쪽

제목 전태일의 글

종업원의 90% 이상이 평균 연령 18세의 여성입니다. 근로 기준법이 있다고 하더라도 인간으로서 어떻게 여자에게 하루 15시간의 작업을 강요합니까? …… 또한 3만여 명 중 40%를 차지하는 시다공들은 평균 연령 15세의 어린이들로서 육체적으로 정신적으로 성장기에 있는 이들은 회복할 수 없는 결정적이고 치명적인 타격을 입고 있습니다. 전부가 영세민의 자녀들로서 굶주림과 어려운 현실을 이기려고 하루에 70원 내지 100원의 급료를 받으며 1일 15시간의 작업을 합니다. …… 저희들의 요구는 1일 15시간의 작업 시간을 1일 10시간~12시간으로 단축해 주십시오. 1개월 휴일 2일을 늘려 일요일마다 휴일로 쉬기를 원합니다. …… 인간으로서의 최소한의 요구입니다.   – 대통령에게 드리는 글, 1969. 11.

● 전태일 노동 운동을 전개하던 전태일은 1970년 11월 "근로 기준법을 준수하라.", "우리는 기계가 아니다."라고 외치며 분신자살하였다.

자료 돋보기

전태일이 노동자의 현실을 알리기 위해 박정희 대통령 앞으로 보내려 한 글이다. 자료의 '하루에 70원 내지 100원의 급료를 받으며 1일 15시간의 작업을 한다'라는 내용을 통해 당시 노동자들의 노동 환경이 매우 열악하였음을 알 수 있다. 동대문 평화 시장의 재단사였던 전태일은 1970년 분신자살하여 노동자들의 현실을 세상에 알렸다. 그의 분신은 고도성장 과정에서 희생당하던 노동자들이 스스로 노동 문제를 각성하는 계기가 되었고, 지식인과 학생들이 노동 문제에 관심을 가지고 노동 운동에 참여하게 만들었다.

1 자료를 통해 알 수 있는 1960년대의 노동 현실에 대해 간단히 정리해 보자.

답 우리나라는 1960년대에 외국 자본과 기술을 들여와 값싸고 풍부한 노동력과 결합시키는 수출 주도형 경제 성장 정책을 추진하였다. 당시 특별한 경쟁력이 없었던 우리나라는 수출품 가격을 낮추기 위해 임금을 줄여 가격 경쟁력을 높이고자 하였다. 이를 위해 정부가 임금 상승을 억제하여 노동자들은 저임금과 열악한 작업 환경에서 저임금을 받으며 장시간의 고된 노동에 시달렸다.

2 생각+표현 오늘날의 노동 문제 중 하나를 선정하고 이를 해결하기 위한 방안에 대해 토론해 보자.

예시 답안 • 비정규직 노동 문제 : 정부가 운영하는 비정규직 차별 시정 제도를 활용하여 정규직과 비정규직의 임금 격차를 줄이도록 노력한다.
• 실업 문제 : 기업과 정부가 협력하여 일자리의 수를 확충하고 다양한 계층이 골고루 안정적인 일자리를 찾을 수 있도록 해야 할 것이다. 특히 정부는 청년 실업 문제를 해결하기 위해 취업을 원하는 청년들과 인재를 찾는 기업들을 연결해 주는 방법을 마련하여 제도화해야 할 것이다.
• 외국인 노동자 문제 : 한국에서 일하는 외국인 노동자들의 인권을 존중하는 사회 인식의 변화가 필요하며, 외국인 노동자들이 같은 일을 하는 한국인 노동자들과 동일한 노동 환경에서 일한 만큼의 정당한 임금과 대우를 받을 수 있도록 하는 제도를 마련해야 한다.

비상 출판사 참고서 325쪽

성장이 단순히 노동자의 착취에 의한 노동력으로만 이루어진 것처럼 보이게 함으로써 학생들이 경제 발전에 대해 올바른 이해를 할 수 없도록 만들어진 것은 심각한 문제이다. 다음은 비상 출판사에서 출판되는 참고 내용이다.

산업화가 노동자만의 노력으로 이루어진 것이 아니기 때문에 기업인들도 함께 다루어야 한다. 산업에 대한 국가 계획과 정책 내용도 함께 소개하면서 기업을 이끈 창업주들의 업적이나 기업 스타일은 결코 교과서에 명시되어야 한다. 그러나 어떤 교과서에서도 그런 내용을 볼 수 없다. 그리고 노동 운동의 참여자가 전태일 한 명이 아닌데도 굳이 전태일을 두각 시키며 영웅시 하는 것은 민주화를 이룩한 대한민국에서는 도저히 어울리지 않는 일이다. 그리고 마치 기업의 발달이 노동자만의 공로인 것처럼 보이는 것은 더욱 옳지 못한 교육이다.

글로벌 리더 인재 양성, 리더십 교육에 관한 콘텐츠가 매우 관심이 높아지고 있는 실정이다. 이제 우리나라에도 공장에 다니는 단순 기술직이 아닌 좀 더 창의적이고 지식 면에서 뛰어난 인재가 요구되고 있는 시대이다. 공익 기관이든 사설 기관이든 리더의 중요성을 강조함에도 대한민국 교육 교과서에서는 리더에 대한 소개가 전혀 없다는 것은 편협하고 편향되어 보인다.

한강의 기적을 이룬 것에 대하여 평가절하하려는 의도가 보여 씁쓸하다. 조선시대를 비롯한 그 위 시대에 대해서는 자긍심과 자부심을 심어준다는 명분 아래 비판보다는 잘 한 것을 내세우는 한편 대한민국의 역사는 과오에서 배운다는 명분을 내세워 어둡고 잘못된 부분만 부각을 하고 있는 교과서는 무슨 의미인지 심히 궁금하다. 마치 일제시대의 관료들이 조선을 폄하하기 위하여 만들어낸 교과서와 비슷하다. 대한민국의 명암을 분명히 말하는 것도 좋지만 교육에 도움이 되고 미래 세대의 미래를 위한 교육은 우리나라 경제 성장에 관한 정확한 정책 소개와 기업인들의 리더십과 노동자들의 헌신을 먼저 다루어야 할 것이다. 전태일과 같은 환경에서도 어려움을 극복하고 오늘날 초등학생까지도 개인 pc와 스마트폰을 사용하여 사이버 공간에 실제 살고 있는 미래 아이의 전형을 한국에서 본다 하여 세계는 놀라고 있으나 정작 그러한 부를 갖다 준 원인을 정확히 모르는 미래세대는 소비만 할 줄 알지 생산과정은 모르는 체 자라게 될 것이다.

결 론

　초중고를 거치며 전태일이란 인물을 영웅으로 만들며 강화된 대한민국에 대한 부정성은 자라는 미래 세대에게 지킬 가치가 없는 나라로 인식하게 될 것은 불을 보듯 뻔한 일이다. 그리고 오늘날 노동환경이 나쁘지 않은 것은 전태일의 죽음이 원인이 아니다. 그것은 전태일 같은 환경에서도 노사가 협력하여 상황을 이겨내고 나은 삶을 위해 노력한 탓이다. 이런 정당하고 올바른 일을 바로 소개하지 않고 몇몇 역사가들에 의하여 역사가 날조 되고 있다. 전태일의 죽음에 의미 해석을

하는 것은 한 개인의 죽음의 관점으로 보지 말고 사회 전반적인 상황
도 인식하며 보아야 한다. 그것이 올바른 역사 해석이며 자라는 아이
들을 글로벌 인재로 키우는 길이다.

초등학교 사진은 이 책에서 발췌한 것입니다 ▶

전태일, 학교에서 올바르게 가르치자

신중섭 / 강원대 윤리교육과

검정 역사 교과서에 크게 부각된 전태일

중·고등학교 역사교과서의 내용과 서술에 대해 논란이 계속되고 있다. 이러한 논란은 역사교과서 국정화를 계기로 더욱 뜨겁게 증폭되었다. 2016년 말 교육부가 '올바른 역사 교과서 : 사실에 입각한 균형 잡힌 대한민국 교과서'의 검토본을 제시하였지만, 논란은 잦아들지 않고 있다.

교육부는 2015년 11월 중학교 역사 교과서와 고등학교 한국사 교과서의 발행 체제를 검정에서 국정으로 전환하였다. 기존의 검정 교과서 체제가 "건전한 국가관과 균형 있는 역사인식을 기르는 데 기여하지 못한 채 지속적인 이념 논쟁과 편향성 논란을 일으켜 왔고, 다양성을 살리지 못하였다는 한계가 존재한다."고 판단하였기 때문이다. 자라나는 세대가 올바른 역사관과 국가관을 확립하고 통일시대를 준비하면서 미래로 나아갈 수 있도록 객관적인 역사적 사실에 근거하여 헌법가치에 충실한 올바른 역사 교과서를 만들기 위한 노력의 결실로 국정 역사교과서(중학교 『역사』, 고등학교 『한국사』)가 발간되었지만, 당분간 기존의 검정교과서와 병존하게 되었다. 학계와 교육현장의 저항에 부딪혀 단일 국정 역사교과서로 역사교육을 할 수 없게 된 것이다.

한국사 교과서를 둘러싼 쟁점 가운데 하나는 교과서에 어떤 사건과 인물을 포함시키고, 그것들을 어떻게 기술할 것인가에 대한 평가의 문제였다. 기존의 검정교과서에 대해 "전태일은 사진은 물론 탐구 문제까지 만들어 자세히 다루지만 유관순은 사진 설명 정도로 간단히 다룬다."는 문제 제기가 있었다. 노동을 하다 분신한 전태일은 다루지만, 한국 경제를 일으킨 이병철이나 정주영과 같은 기업가들은 언급하지 않는다는 비판도 있었다. 이런 비판이 나온 이유는 "국민 정서나 우리가 알고 있는 역사 인물에 대한 상식과 교과서가 다룬 인물의 비중이 확연히 달랐기 때문이다." 교육부 검정 한국사 교과서 8종을 분석한 결과 전태일 · 김좌진 · 안중근 · 유관순 순으로 다루는 양이 줄어들고, 전태일은 근현대사 최고의 인물 수준으로 부각되었다고 지적하는 학자도 있다. 왜 이렇게 되었을까? 과연 이것이 올바른 역사 서술일까?

역사란 무엇인가

'역사'의 의미는 다양하다. 역사는 일어난 사건 자체를 의미하기도 하고, 기록된 역사, 곧 역사 서술을 의미하기도 한다. 일반적으로 '역사'는 '인간 활동의 기록'이라는 의미로 많이 사용된다. 곧 역사는 과거의 인간 활동에 대한 기록이다. 그렇다고 인간 활동이 모두 역사로 기록되는 것은 아니다. 역사 서술의 대상이 되는 것은 인간의 활동 가운데 '사회적으로 의의(意義)가 있는 활동'이다.

지금까지 수많은 축구 경기가 있었지만, 축구 경기 모두가 역사적 사실로 기록되는 것은 아니다. 학교 운동장에서 체육시간에 한 축구 경기는 역사적 사건으로 기록되지 않지만, 2002년에 대한민국 국가 대표팀이 월드컵 4강에 진출한 경기는 기록되었다. 체육시간에 학교 운동장에서 행해진 축구 경기는 '사회적으로 의의가 있는 축구 경기'가 아니지만, 월드컵 4강 진출 경기는 '사회적으로 의의가 있는 축구 경기'였기 때문이다. 이 세상에 무수히 많은 축구 경기가 있지만, 그 가운데 역사에 기록되는 것은 '사회적으로 의의가 있는 경기'뿐이다.

그런데 '사회적으로 의의가 있음'을 결정하는 사람은 누구인가. 그러한 결정을 하는 사람은 바로 역사가이다. 역사가는 자신의 관점 곧 역사관에 따라서 사회적으로 의의가 있는 사건과 그렇지 않은 사건을 구분한다. 역사 서술에서는 역사가의 역사관이 대단히 중요하다. 과거에 인간 세상에서 일어난 사건 모두가 기록되는 것이 아니라 역사가가 사회적으로 중요하다고 판단한 사건만 역사적 사실로 기록된다. 곧 역사가의 선택을 받은 사건만 역사적 사건으로 기록된다. 역사적 사건은 선택적이다. 역사가의 선택을 받은 사건은 또 그 역사가에 의해 평가되고 해석된다. 역사적 사건은 역사가에 의해 선택되고, 평가되고 해석된 사건이기 때문에 그 사건에 대한 역사가의 관점을 고려해야 그 사건의 의의를 제대로 파악할 수 있다. 그리고 역사가의 관점에는 역사를 쓸 당시의 시대상황이 반영되기 마련이다.

특히 일반인을 대상으로 한 역사책과 달리 중·고등학교의 역사 교과서와 역사 교육은 자라나는 청소년들의 역사관과 인생관에 큰 영향을 줄 수 있기 때문에 대단히 중요하다. 이러한 중요성을 인정하여 국가는 교육부를 통해 역사 교과서의 내용과 기술을 규제하고 있다. 공식적으로 교육현장에서 사용되는 역사 교과서는 교육부가 검정이나 국정을 통해 그 내용과 서술에 문제가 없음을 인정한 것이다. 교육부는 올바른 역사 교과서는 "첫째, 창의적 사고력을 배양할 수 있도록 내용의 질을 관리하며 둘째, 역사 교과 지식 상호 간의 연계성을 고려하여 맥락이 통하는 서술이 될 수 있도록 하고 셋째, 토론 학습에 유용한 내용을 개발하고 넷째, 역사적 사실을 오류 없이 서술할 수 있도록 학계의 최신 학설을 충실히 소개해야 하며 다섯째, 편향성을 지양하도록 서술해야 한다."고 하였다.

전태일에 대한 교과서 서술

최근에 발간된 교육부 검정 『고등학교 한국사』에 등장하는 역사적 사건이나 인물도 모두 그 책을 쓴 역사가들의 선택을 받은 것이다. 우리나라의 60년대와 70년대에 무수히 많은 사건이 발생했지만, 그 가운데 역사가의 선택을 받은 사건과 인물들만 기록되었으며, 그 가운데 하나가 전태일(1948~1970)이다. 교육부 검정으로 발간된『고등학교 한국사』(금성출판사, 2014) "대한민국의 발전과 현대 세계의 변화"(6장)의 "경제 발전과 사회 · 문화의 변화"(6-4)의 "2: 현대 사회 · 문화의 변화"의 '노동 운동과 농민 운동의 전개'에서 전태일을 소개하고 있다. 그 내용은 다음과 같다.

"1960~1970년대 경제 성장의 한 주역은 노동자였다. 대부분 노동자들은 낮은 임금과 열악한 노동 조건 속에서 일을 하였으며, 이들이 생산한 제품은 가격 경쟁력을 앞세워 해외로 수출되었다. 정부는 '선 성장 후 분배' 논리를 내세워 기업과 자본 중심의 경제 정책을 추진하였다. 반면, 노동자들은 적절한 노동의 대가를 받지 못했으며, 법적으로 보장된 권리마저도 행사하기 어려웠다.

1970년 전태일의 분신 사건은 노동 현실에 대한 사회적 관심을 환기시키는 계기가 되었다. 그러나 노동 운동이 본격적으로 성장한 것은 1987년 6월 항쟁 이후였다. 노동자들은 민주화의 열기에 힘입어 사업장마다 노동조합을 만들었으며, 전국 조직인 전국 민주 노동조합 총연맹(민주노총)을 결성하였다. 또한, 정치 · 사회 문제에 대해서도 자신들의 목소리를 담아내었다."

이어 '탐구 활동: 전태일이 대통령과 근로 감독관에게 보내려고 하였던 편지'를 다음과 같이 소개하였다.

"저희들은 근로기준법의 혜택을 조금도 못 받으며 더구나 2만여 명을 넘는 종업원의 90% 이상이 평균 연령 18세의 여성입니다. 2만여 명 중 40%를 차지하는 시다공(보조 재단사)들은 평균 연령이 15세의 어린 이들로서 육체적, 정신적으로 성장기에 있는 이들에게는 회복할 수 없는 결정적이고 치명적인 타격인 것은 부인할 수 없습니다. … 저희들의 요구는 1일 14시간 작업 시간을 10~12시간으로 단축해 달라는 것입니다. 1개월에 2일을 쉬게 해 주십시오. 또 일요일마다 쉬기를 희망합니다. … 인간으로서 최소한의 요구입니다. - 조영래 『전태일 평전』"

편지와 함께 "1. 전태일이 분신한 이유를 조사해 보자. 2. 자료를 바탕으로 당시 노동자의 입장에서 대통령에게 보내는 편지를 작성해 보자."라는 과제가 첨부되어 있다.

『고등학교 한국사』(천재교육)는 다음과 같이 서술하였다.

"1970년 전태일 분신 사건을 전후로 노동 조건에 대한 사회적 관심이 높아졌다. 여성노동자를 중심으로 노동자의 생존권 보장을 요구하는 투쟁이 늘어나고, 노동조합을 설립하려는 움직임도 활발하게 전개되었다."

이와 같이 서술하면서 조영래의 『전태일 평전』에서 앞의 편지와 동일한 부분을 소개하면서 "1. 당시 노동자의 근로 조건과 생활 모습을 알아보고, 전태일이 요구한 내용이 무엇인지 파악해 보자. 2. 전태일의 죽음이 한국 사회에 미친 영향을 조사하여 발표해 보자."라는 과제를 제기하고 있다.

『고등학교 한국사』(동아출판, 2014)의 전태일 관련 부분은 다음과 같 다.

"1960년대 후반 이후 도시로의 인구 집중은 광범위한 노동자층을 형성하였다. 정부는 수출 경쟁력을 확보하기 위하여 저임금 정책을 고수하고 노동 운동을 강력히 통제하였다. 이에 항의하여 1970년 11월 노동자 전태일은 '우리는 기계가 아니다.' '근로기준법을 준수하라.'라고 외치며 분신자살하였다. 이 사건을 계기로 저임금과 장시간 근로, 열악한 작업 환경 등 노동 문제가 사회 문제로 대두하였다. 학생들과 지식인들도 노동 운동에 관심을 가지게 되었다. 이후 노동조합이 속속 결성되면서 노동 운동은 점차 활성화되었다."

『고등학교 한국사』((주)리베르 스쿨, 2014)의 전태일 관련 부분은 다음과 같다.

"급속한 경제 성장의 이면에는 어두운 그늘이 드리워져 있었다. 성장 위주 전략은 계층 간 빈부 격차 및 도시와 농촌 간 소득 격차를 심화하였다. 노동자들은 저임금과 열악한 작업 환경에서 장시간의 노동에 시달렸다. 수출 가격 경쟁력을 높인다는 명분 아래 저임금 정책이 추진되고, 이를 유지하기 위해 저곡가 정책이 지속되었다. 그 결과 농촌 경제는 파탄에 이르게 되었고, 1960년대와 1970년대에 농촌 인구의 도시 유입이 가속화되어 도시 인구가 급증하였다. 이 때문에 노동력의 과잉 공급이 이루어져 저임금이 유지되는 악순환이 되풀이되었고, 노동자와 농민의 삶의 질은 열악해졌다. 정부의 제조업과 수출 위주의 경제 정책, 그리고 이를 위한 저곡가 정책과 저임금 정책은 빈부 격차를 심화시켰다.

이러한 상황에 대한 노동자들의 반발이 나타났다. 1970년 동대문 평화 시장에서 재단사로 일하던 전태일은 근로기준법 준수를 요구하며 분신자살하였다."

이런 서술과 함께 '자료 읽기'로 '대통령에게 드리는 글(전태일, 1970)'을 소개하고 있다. 그 내용은 "일반 공무원의 평균 근무 시간이 일주일에 45시간인 데 비해, 15세의 어린 보조공들은 일주일에 98시간의 고된 작업에 시달립니다."라는 내용이 중간에 더 들어가 있다.

『고등학교 한국사』(지학사, 2014)는 다음과 같이 서술하였다.

"경제 개발 계획에 따른 산업화의 진행과 함께 노동자 수가 크게 증가하였다. 그러나 정부는 경제 성장에 치중하여 노동자의 권익과 노동 환경 개선에 대해서는 소홀하였고, 노동 조직은 정부에 의해 장악되어 있었다. 박정희 정부는 단체 교섭권과 단체 행동권을 제한하는 등 노동 운동을 억압하였다.

1970년 서울 동대문 평화시장에서 재단사 전태일이 분신자살한 일을 계기로 노동자의 권익에 대한 관심이 높아졌다. 산업 현장에서는 많은 노동조합이 결성되었는데, 특히 여성 노동자들이 노동조합에 적극 가입하였다. 1970년대 중반부터 학생과 지식인들은 노동 야학을 활용하여 노동자들을 지원하였다."

나아가 〈자료〉로 "노동 운동의 상징, 전태일"이라는 제목으로 조영래의『전태일 평전』의 내용 일부를 다음과 같이 발췌하였다.

"저의 직장은 시내 동대문 평화 시장으로 종업원은 3만여 명이 됩니다. … 3만여 명 중 40%를 차지하는 시다공(보조공)들은 평균 연령 15세의 어린이들로서 굶주림과 어려운 현실을 이기려고 하루에 70원 내지 100원의 급료를 받으며 1일 15시간의 작업을 합니다. … 저희의 요구는 하루 15시간의 작업 시간을 1일 10~12시간으로 단축해 달라는 것입니다. 1개월 휴일 2일을 늘려서 일요일마다 휴일로 쉬기를 원합니다. 건강 진단을 정확하게 하여 주십시오. 시다공 수당을 50% 이상 인상해 주십시오. 절대로 무리한 요구가 아님을 맹세합니다. 인간으로서 최소한의 요구입니다."

이 교과서는 사료에 대한 설명으로 "1970년 무렵 서울 청계천 주변 봉제 공장에서는 어린 여공들이 허리조차 펴기 힘든 공간에서 장시간 노동을 하였다. 이들은 열악한 환경에서 기관지 질환에 시달리면서도 치료조차 하지 못하였다. 전태일은 노동청과 청와대에 이와 같은 현실을 알리고 노동 환경 개선을 요구하였으나 받아들여지지 않았다. 사회의 높은 벽을 실감한 전태일은 '근로기준법을 지켜라'라고 외치며 분

신자살하였다. 그의 죽음은 우리나라 노동 운동이 성장하는 데 밑거름
이 되었다."

『고등학교 한국사』(교학사, 2014)의 전태일 관련 부분은 다음과 같
다.

  "1960년대 한국 경제가 수출을 통하여 도약하기 위해서는 최소한의
경쟁력을 확보하는 것이 필요하였다. 정부는 자원도 없고 자본도 없는
상황에서 저임금을 유지하는 것이 필요하다고 보았다. 이 정책은 성공하
여 한국 경제 부흥의 계기가 되었다. 그러나 노동 집약적인 사업장에서
는 노동자들이 저임금으로 인하여 힘든 생활을 하였다. 생산성 향상만큼
의 임금을 받지 못하였다.
  1970년 전태일의 분신은 청계천 미싱 노동자들의 열악한 근로 조건
을 개선하기 위한 최후 수단으로 이루어진 절규였다. 이후 노동자들의
문제에 사회가 많은 관심을 기울이게 되었고, 노동 운동도 활발하게 일
어났다."

『대안 교과서 한국 근·현대사』(교과서포럼, 기파랑, 2008)는 다음과
같이 서술하였다.

  "1970년 11월 13일 서울 동대문 평화시장에서 재단사로 일하던 22세
의 전태일이 근로기준법 준수를 요구하며 분신한 사건이 발생하였다. 동
대문 평화시장에서 영세 봉제업자에 고용된 재단사들은 닭장처럼 좁고

더러운 작업환경에서 하루 12시간 이상 고되게 노동하였다. 전태일이 준수를 요구한 근로기준법은 1953년 한국 정부가 북한과의 체제 경쟁을 의식하여 세계적으로 높은 수준의 근로자 복지를 규정한 법이었다. 그러나 그 법은 오랜 기간 아무런 구속력 없는 장식품에 불과했다. 전태일의 분신은 1970년대 이후 노동운동의 활성화에 크게 기여하였다."

그리고 전태일의 사진과 함께 그를 다음과 같이 소개하였다.

"경북 대구 출생. 초등학교 4학년을 중퇴하고, 17세 때 서울 평화시장의 의료 제조업체 재단사로 입사하였다. 나이 어린 소녀들이 저임금에 열악한 환경에서 중노동에 시달리는 것을 보고 의분을 느꼈다. 근로기준법이 있으나 회사가 이를 준수하지 않음을 알고, 노동조건 개선을 요구하는 진정서를 제출했지만 매번 묵살되었다. 사회의 무반응과 개혁의 불가함을 느끼고 분신자살하였다. 그의 죽음은 당시 민주 사회에 대한 한국인의 열망과 맞물려 사회적으로 큰 파장을 일으켰다. 특히 무반응으로 일관하던 기업인, 정치인, 관료사회에 경각심을 심어주었다."

국정 고등학교 한국사교과서에도 '고속 성장의 그늘'이라는 소제목의 글에 전태일이 등장한다. 고도성장기에는 산업의 눈부신 발전이 이루어졌지만 그 이면에는 그늘도 있었다는 것이다. 산업화와 더불어 농촌에서 많은 사람들이 대도시로 이주하면서 도시 빈민이 생겨났으며, 도시 개발이 진행되면서 이주민이 살던 무허가 판자집은 철거되고 도시의 외곽으로 밀려났다. 이 과정에서 생계가 어려워진 철거민들이 집단으로 반발하면서 광주 대단지 사건과 같은 충돌이 일어났다는 것이다. 이러한 배경 설명과 함께 국정교과서는 전태일을 다음과 같이 소개하였다.

"1960~1970년대 노동자들은 또 다른 경제 성장의 주역이었다. 이들은 낮은 임금과 장시간의 노동 등 열악한 조건 속에서 일해야 했고, 근로기준법이 제대로 지켜지지 않아 법적 보호를 받지 못하는 경우도 많았다. 1970년에 일어난 전태일의 분신 사건은 이러한 노동자들의 열악한 노동 환경이 주목받고 사회 문제로 발전하는 계기가 되었다.

당시 정부와 기업인들은 경제 발전을 위한다는 명목으로 노동 운동을 억압하였다. 박정희 정부는 1971년에 '국가 보위에 관한 특별 조치법'을 만들어 헌법이 보장하는 노동자의 단체 교섭권과 단체 행동권을 규제하였다. 노사 갈등으로 인해 발생한 노동자들의 단체 행동은 불법으로 탄압받는 경우가 많았다. 그에 따라 개별 기업의 노사 갈등에 경찰력이 개입되는 일이 잦아졌고, 동일 방직 사건처럼 종종 정치적 사건으로 비화되기도 하였다."

이와 같이 기술하면서 국정교과서는 1960년대 청계천 피복 공장과 전태일'이라는 제목으로 당시 피복 공장 내부와 전태일의 사진을 실었다. 다음은 사진 설명이다.

"1960년대 청계천 피복 공장에서는 어린 여공들이 열악한 작업 환경에서 휴일도 거의 없이 하루 15시간의 노동에 시달렸다. 당시 동대문 평화 시장에서 재단사로 일하던 전태일은 근로기준법을 지켜줄 것을 호소하였지만, 그의 요구가 묵살되자 1970년에 분신 자살하였다. 이 사건은 사회에 큰 파장을 던졌고, 노동 운동이 활성화되는 계기가 되었다."

'전태일 분신'에 대한 분석과 평가

1970년 11월 14일자 『조선일보』는 전태일의 분신을 다음과 같이 보도했다.

"13일 오후 1시 30분쯤 서울 을지로 6가 17 평화시장 앞길에서 시장 종업원 전태일(全泰一 · 23 · 성북구 쌍문동 208)군이 '노동청이 근로조건 개선을 적극적으로 협조해주지 않고 있다'고 분신자살을 기도, 중화상을 입고 성모병원에 입원 중 14일 새벽 숨졌다. 전군은 1시부터 청계천 5가–6가 사이의 평화, 동화, 통일 등 3개 연쇄상가 종업원 5백여 명과 같이 근로조건 개선 등 요구조건을 내걸고 농성을 하려 했으나 경찰과 시장경비대원들의 제지를 받자 가지고 온 휘발유를 뿌리고 불을 댕겼다."

이렇게 짤막하게 기사화된 사건이 뒤에 모든 고등학교 한국사교과서에 중요하게 기록될 것이라고 생각한 사람은 당시에는 거의 없었을 것이다. 그러나 뒤에 역사가들은 이 사건을 중요하게 평가하여 교과서에 기록하였다. 앞에서 살펴본 한국사 교과서들은 1960~1970년대 경제 성장의 한 주역이 노동자였음에도 불구하고 그들은 낮은 임금과 열악한 노동 조건 속에서 적절한 노동의 대가를 받지 못했으며, 법적으로 보장된 권리마저도 행사하지 못했다고 분석하면서, 그 원인으로 정부가 추진한 기업과 자본 중심의 경제정책을 지적하였다. 노동자의 저임금·노동조건, 법적으로 보장된 권리를 보장받지 못한 이유를 정부의 경제정책으로 돌리면서 노동자와 기업과 자본가를 서로 이익이 상충하는 적대적인 관계로 설정하였다.

이러한 상황에서 전태일의 분신이 열악한 노동 현실에 대한 사회적 관심을 불러일으키는 계기를 마련하였으며, 1987년 민주화 이후 본격화된 노동 운동의 효시가 되었기 때문에 전태일 분신이 역사적 중요성을 지닌다고 기술하였다. 그러면서 전태일이 남긴 편지를 조영래의 『전태일 평전』에서 인용함으로써 당시 노동자들이 얼마나 열악하고 비인간적인 환경에서 근로기준법의 보호를 받지 못하면서 노동하였는가를 보여주었다. 근로기준법이 준수되지 않는 열악한 노동환경과 저임금을 부각시키면서 왜 그럴 수밖에 없었는가에 대한 설명은 하지 않고 있다. 그것이 정부의 '선 성장 후 분배' 정책의 결과였다고 하면서도 왜 정부가 그런 정책을 시행하였는가에 대한 설명은 없다.

그러나 교학사 교과서와 대안 교과서는 이들 교과서와 다른 관점에서 전태일의 분신을 서술하고 있다. 교학사 교과서는 "1960년대 한국 경제가 수출을 통하여 도약하기 위해서는 최소한의 경쟁력을 확보하는 것이 필요하였다. 정부는 자원도 없고 자본도 없는 상황에서 저임금을 유지하는 것이 필요하다고 보았다. 이 정책은 성공하여 한국 경제 부흥의 계기가 되었다."라고 함으로써 정부의 저임금 정책에 대해 정당성을 부여하면서, 그 결과 한국이 경제성장을 할 수 있었다는 설명을 제시하였다. 이렇게 함으로써 정부의 저임금 정책과 그 정책에 따라 수출 역군의 임무를 수행한 기업가들의 행위를 정당화하고 있다.

교과서 포럼이 발행한 대안 교과서는 "전태일이 준수를 요구한 근로기준법은 1953년 한국 정부가 북한과의 체제경쟁을 의식하여 세계적으로 높은 수준의 근로자 복지를 규정한 법이었다. 그러나 그 법은 오랜 기간 아무런 구속력 없는 장식품에 불과했다."라고 근로기준법에 대한 보충 설명을 제시함으로써 당시 근로기준법이 준수될 수 없었던 이유를 설명한다. 다른 교과서에서는 근로기준법 자체에 대한 설명을 제시하지 않았기 때문에, 학생들이 그것을 지키지 않은 업체나 지키지 않은 업체를 처벌하지 않은 정부가 나빴다는 판단을 할 수 있는 여지를 남겨두고 있다. 교학사 교과서와 대안 교과서는 전태일의 분신에 대한 기존의 검정 교과서와 구별되는 설명을 제시함으로써 그것을 다른 관점에서 이해할 수 있는 계기를 제공하고 있다.

전태일을 어떻게 가르칠 것인가

전태일에 대한 역사적 기술은 조영래가 쓴 『전태일 평전』에서 나온 것이기 때문에 사료로서의 가치가 높지 않다. 전태일의 실제 삶과 조영래가 쓴 전태일의 삶 사이에는 간격이 있을 수 있기 때문이다. 그리고 여러 교과서가 인용하고 있는 전태일이 대통령에게 보낸 편지가 전태일이 직접 쓴 것이라고 할지라도 그것이 얼마나 당시의 객관적 상황을 정확하게 기술하고 있는지에 대한 검토도 필요하다. 그의 편지에는 당시 상황에 대한 정확하지 못한 서술도 포함되었을 수 있기 때문이다. 교과서에 인용한 전태일의 편지 내용 가운데 당시 평화시장 노동자의 수가 어떤 교과서에는 2만으로 어떤 교과서에는 3만으로 기술되어 있다. 이러한 차이가 어디에서 온 것인지는 알 수 없지만, 이 가운데 어느 하나 또는 둘 모두가 오류일 수도 있다. 이런 상황을 고려하면, 당시 노동자의 근로조건과 임금에 대해서 객관적 자료가 전태일 분신과 관련하여 제시될 필요가 있다.

대부분의 검정교과서는 전태일 분신의 원인으로 작용한 노동조건을 정치적인 관점에서 설명하였다. 그러나 노동조건과 임금은 경제적인 문제이다. 경제적인 관점에서 이해한다면 이러한 노동조건과 임금은 당시 상황에서 업체가 경쟁에서 살아남아 사업을 계속하기 위해 선택할 수밖에 없었던 것일 수도 있다. 임금을 더 높여주었다면 경쟁력이 약해져 사업을 계속하지 못했을 수도 있다. '저임금'은 '정상임금'을 전제로 한 개념이지만, 경제학적으로 규정하기는 어렵다. 시장의 수요와 공급에 의해 결정되기 때문에 '공정한 임금'이 존재하지 않는 것처럼 '저임금'도 존재하지 않는다.

뿐만 아니라 노동조건의 개선과 임금의 상승은 도덕의 문제가 아니라 경제의 문제이다. 우리는 노예제가 사라진 것을 인권이라는 도덕적 관점에서 접근하지만, 실제로 역사는 그렇지 않다는 설명도 있다. 중세 말기 유럽에서 노예제가 사라진 이유는 자유노동이 노예노동에 비해 싸졌기 때문이라는 것이다. 이런 설명에 따르면, 자유노동의 가격이 올라가면 노예제가 부활할 수도 있다. 실제로 아메리카 신대륙에서는 누구나 자작농의 꿈을 실현할 수 있을 정도로 충분한 토지가 있었기 때문에 도시에는 노동자가 부족했고 미숙련 노동자를 포함하여 아메리카에서의 임금은 유럽에 비해 높았다. 곧 노예 공급의 여건에 따라서는 노예제가 자유노동체제보다 유리할 수도 있는 조건이 형성되었다고 볼 수 있다. 실제로 이때 아프리카로부터 노예 보급이 시작되었고, 아메리카에서 노예제가 부활했다. 이러한 설명에 따르면, 유럽에서의 노예제의 소멸이나 아메리카에서의 노예제 부활은 모두 두 대체적 노동의 상대가격 변화에 대한 상업경제의 대응이었다.[53] 노예노동이냐 자유노동이냐의 문제는 도덕의 문제가 아니라 경제의 문제였던 것이다.

당시 어려운 노동환경에서 일한 근로자들은 국가의 강제에 의해 동원된 사람들이 아니라 자발적인 선택에 의해 그러한 직업을 선택했다고 봐야 한다. 물론 정보 부족으로 근로조건을 잘 모르고 취업했다고 할지라도, 계속 일해야 할 강제가 없었다면 자발적인 노동이라고 할 수 있다.

---

53) 안재욱 · 김영용 · 김우택 · 송원근 공저, 『새 경제학원론』, 교보문고, 2012. pp.610-612.

어떤 사건을 기술하든 그것을 장기적 관점에서 보아야 한다. 1960년대와 1970년대의 열악한 노동조건은 오늘날 더 이상 존재하지 않는다. 이런 현상은 우리나라만의 고유 현상이 아니고 자본주의 국가에서 발견되는 보편적인 현상이다. 어느 나라나 자본주의 초기에는 오늘의 관점에서 볼 때 상상하기 어려운 일들이 벌어졌다. 자본주의가 처음 발전하기 시작한 영국에서도 열악한 노동조건이 존재하였다. 심지어 아동노동도 행해졌다. 당시 노동자들이 얼마나 비참한 삶을 살았는가는 찰스 디킨스의 소설이나 마르크스와 엥겔스의 글에 잘 나타나 있다. 그러나 그러한 상황은 자본주의가 발전하면서 전반적으로 경제가 성장하고 소득이 올라가면 사라진다. 올바른 역사관을 가진 사람이라면 긴 역사의 흐름에서 이런 현상을 설명해야 한다. 오늘날의 관점에서 볼 때 부당했던 상황을 정치인이나 기업가의 잘못이나 탐욕으로 설명하는 것은 올바른 설명이 아니다. 열악한 노동조건이 사라진 것은 정치인이나 기업가가 더 도덕적이 되었기 때문이 아니라 경제가 발전하여 열악한 환경에서 일하려는 근로자가 없어졌기 때문이다.

뿐만 아니라 우리가 원하지 않거나 개선되어야 할 제도나 상황이 존재할 때 그것을 개선하기 위해 우리가 할 수 있는 일이 무엇인가에 대해서도 역사를 통해 깊이 생각할 수 있는 기회를 학생들에게 부여해야 한다. 우리가 전태일과 같이 어려운 상황에 처했을 때 '분신자살'이라는 극단적인 선택을 하는 것이 과연 올바른 길인가에 대해서도 생각해야 한다. 아무리 어려운 상황이라 하더라도 자신의 생명을 버림으로써 그 상황을 타개하려는 노력을 그 사람의 선택이라고 말함으로써 정

당화하는 것은 문제이다. 이것은 자신의 생명을 다른 무엇을 위한 수
단으로 이용하는 것이기 때문이다.

나아가 전태일과 같은 어려운 상황에 처했던 당시의 노동자들이 자
신의 노력으로 그 상황을 돌파하면서 자신의 환경을 개선해 온 사람들
도 많다. 이들의 삶이 사회에 미친 영향력이 전태일의 죽음과 비교하
여 크지 않다고 해서 전태일보다 더 못난 삶을 살았다고 할 수는 없다.
오히려 전태일과 같은 극단적인 선택이 아니라 자신에게 닥친 어려운
환경을 극복하기 위해 노력하면서 희망을 잃지 않고 살아남은 사람들
의 삶이 교과서에서 권장해야 할 모범적인 삶이어야 한다.

이러한 사실을 고려하면, 노동운동의 활성화와 같은 뒤에 일어난
역사적 사건과 전태일의 분신자살과의 인과관계를 설정하기 위해 전
태일의 분신에 대한 서술이 필요하다고 하더라도, 이 사건과 관련된
정확한 역사적 사실에 기초하여 학생들이 이 사건을 비판적으로 받아
들일 수 있도록 교육하여야 한다.

전태일 바로보기

초판 인쇄 _ 2017년 11월 6일
초판 발행 _ 2017년 11월 13일

편   저 _ 류석춘 · 박기성
펴낸이 _ 박기봉
펴낸곳 _ 비봉출판사
주   소 _ 서울 금천구 가산디지털2로 98. 2동 808호(롯데IT캐슬)
전   화 _ (02)2082-7444
팩   스 _ (02)2082-7449
E-mail _ bbongbooks@hanmail.net
등록번호 _ 2007-43 (1980년 5월 23일)
ISBN _ 978-89-376-0468-3 03330

값 12,000원